तुलसीदास

तुलसीदास

रामचन्द्र तिवारी

वाणी प्रकाशन

प्रथम संस्करण : 2009
द्वितीय संस्करण : 2015

vaniprakashan.com

वाणी प्रकाशन

4695, 21-ए, दरियागंज, नयी दिल्ली-110 002

फ़ोन : + 91 11 23273167, 23275710

शाखाएँ

अशोक राजपथ, पटना-800 004, बिहार

कॉफ़ी हाउस कैम्पस, महात्मा गांधी मार्ग, प्रयागराज-211 001, उत्तर प्रदेश

महात्मा गांधी अन्तरराष्ट्रीय हिन्दी विश्वविद्यालय, वर्धा-442 001, महाराष्ट्र

sales@vaniprakashan.in
vaniprakashan@gmail.com

TULSIDAS
by Ramchandra Tiwari

ISBN : 978-93-5000-044-1

Criticism

मूल्य : ₹ 395

जी.एस. ऑफ़सेट, दिल्ली-110 095 में मुद्रित

वाणी प्रकाशन का लोगो मक़बूल फ़िदा हुसैन की कूची से

आमुख

तुलसीदास हिन्दी भक्ति-काव्यधारा के अन्यतम कवि हैं। कबीर की वाणी से प्रवाहित भक्ति-काव्यधारा 'जायसी' और सूर से होती हुई तुलसी में आकर पूर्णता प्राप्त करती है। उनकी भक्ति श्रुति-सम्मत है। ज्ञान, योग, कर्म, समन्वित है। उसमें 'लोक' और 'वेद'—दोनों परम्पराएँ संश्लिष्ट हैं। वह व्यक्ति-मानस का संस्कार और लोक का कल्याण करने वाली है। भारतीय संस्कृति में जो कुछ वरेण्य है, उदात्त है, श्रेष्ठ और मांगलिक है, वह तुलसी के भक्ति-काव्य में समाहित होकर मनुष्य मात्र के लिए शक्ति और प्रेरणा का अक्षय स्रोत बन गया है। मध्यकाल के घोर संकट और संक्रान्ति के बिन्दु पर खड़े होकर तुलसी ने अपनी पूरी परम्परा का मन्थन करके उदात्त मूल्यों का जो सार संग्रह किया, उसे 'रामचरितमानस' में 'राम' के माध्यम से साकार कर दिया। तुलसी के काव्य-नायक राम हैं। यह राम निर्गुण-निराकार भी हैं और सगुण-साकार भी। वे 'ब्रह्म' भी हैं और दशरथ के पुत्र भी। तुलसी की इस मान्यता का ठोस तार्किक आधार है। 'गुण' के अभाव में 'निर्गुण' की और 'साकार' की अनुपस्थिति में 'निराकार' की अवधारणा असम्भव है। इसलिए परम-तत्त्व को मात्र निर्गुण मानना किसी भी दृष्टि से संगत नहीं है। तत्त्वतः वह निर्गुण और निराकार अवश्य है। किन्तु जनता के जीवन में आशा का संचार करने के लिए काव्य-नायक का सगुण-साकार होना आवश्यक है। उन्होंने अनुभव किया था कि जब सारी मर्यादाएँ टूट चुकी हों; उदर-पूर्ति का प्रश्न आचरण का प्रेरक और नियामक बन गया हो; दरिद्रता के दशानन ने सारी दुनिया को अपनी दाढ़ में ले लिया हो, पूरा समाज नाना प्रकार के धर्म-सम्प्रदायों, जातियों और उपासना-पद्धतियों में विभक्त होकर जर्जर हो गया हो, तब कोरे उपदेश और दोष-दर्शन से काम नहीं चलेगा। घोर अशिक्षा, अभाव और मूल्य-हीनता के उस संकट-काल में तुलसी ने 'रामचरितमानस' की रचना की। 'मानस' की कथा के दो पक्ष हैं। एक राम का, दूसरा रावण का। राम का पक्ष नीति, धर्म और न्याय का है, रावण का अनीति, अधर्म और अन्याय का। राम-रावण के द्वन्द्व की यह कथा दो विरोधी मूल्यों के द्वन्द्व की कथा है। तुलसी

के आदर्श राम हैं। राम धर्म-पथ पर अविचल रहकर अधर्म और अन्याय के प्रतिकार के लिए आजीवन संघर्ष करते हैं। संघर्षशील राम के आचरण में धर्म, नीति, शिष्टाचार तथा जीवन के वे सारे मूल्य साकार हुए हैं जो लोक-मंगल का विधान करने वाले हैं। इसीलिए 'मानस' की कल्पना करते हुए तुलसी ने 'राम सीय जस-सलिल' को विशेष महत्त्व दिया है। राम के चरित्र (शील) के जिस श्रेष्ठ जल से 'मानस' (सरोवर) आपूरित है, वह मधुर, मनोहर तो है ही, मंगलकारी भी है। 'ध्वनि', 'वक्रोक्ति', 'गुण', 'अलंकार' आदि काव्य शास्त्र में स्वीकृत सौष्ठव-विधायक विशेषताएँ तो उस अमृतमय जलराशि में क्रीड़ा करने वाली मछलियाँ हैं। उनका महत्त्व आनुषंगिक है।

प्रस्तुत कृति में इसी दृष्टि से तुलसी के काव्य-विवेक का आकलन और महत्त्व का प्रतिपादन किया गया है। आज का युग भी, सांस्कृतिक संकट का युग है। आज भी समाज में भ्रष्टाचार और मूल्यहीनता चरम सीमा पर है। हम अपनी परम्परा से उच्छिन्न होने में गौरव का अनुभव करने लगे हैं। ऐसी स्थिति में आज बहुत गहरे जाकर तुलसी-साहित्य के मूल्यांकन की आवश्यकता है। यह कार्य आगे आने वाले तुलसी के मर्मी विद्वान अवश्य करेंगे, इस विश्वास के साथ हम अपना यह विनम्र प्रयास तुलसी-प्रेमी जनता को सौंप रहे हैं। उनका स्वीकार ही हमारा सम्बल होगा।

रामचन्द्र तिवारी

अनुक्रम

युग-सन्दर्भ / 9

जीवन-परिचय / 14

प्रामाणिक रचनाएँ / 23

तुलसीदास के दार्शनिक सिद्धान्त / 32

तुलसी की भक्ति-पद्धति / 39

काव्य-सौष्ठव / 48

तुलसीदास और कबीर / 70

औचित्य-सिद्धान्त और तुलसी का काव्य / 75

रामकाव्य की प्रतीकात्मकता / 89

तुलसी का समाज-दर्शन / 101

मूल्यांकन / 111

युग-सन्दर्भ

तुलसीदास के जन्म के समय दिल्ली का शासन मुगलों के हाथ में आ चुका था। तुलसी के जीवन का अधिकांश समय सम्राट अकबर के शासन-काल में व्यतीत हुआ। जिस समय अकबर गद्दी पर बैठा, तुलसी लगभग 24 वर्ष के रहे होंगे। अकबर एक उदार और कुशल प्रशासक के रूप में विख्यात है। यह सही है कि अकबर ने गोहत्या बन्द करवा दी थी। 'जज़िया' समाप्त कर दिया था। राजपूतों को अपने पक्ष में करने के लिए उनसे रिश्ते भी कायम किये थे किन्तु उसमें सत्ता की भूख कम नहीं थी। गद्दी पर बैठने के थोड़े दिनों बाद ही उसने उत्तर भारत के राजपूत राज्यों पर आक्रमण शुरू कर दिये थे। उसने संवत् 1619 में मालवा, 1621 में गोड़वाना, 1624 में पंजाब, 1625 में चित्तौड़ और कालिंजर, 1626 में रणथम्भौर, 1629-30 में गुजरात और 1633 में बिहार पर आक्रमण किये थे। इन युद्धों में सत्ता की भूख ही प्रधान थी। प्रभुता और सत्ता के मद में ही उसने 'महाबली' की उपाधि धारण की थी।

उसके दरबारी अबुल फज़ल का मानना था कि एक आदर्श बादशाह खुदा की परछाईं होता है जो चरम और अविभाज्य शक्ति का उपयोग करते हुए अपने अधीनस्थ राज्य या इलाकों में एक नियम, एक नियामक, एक मार्ग-दर्शक, एक लक्ष्य और एक विचार के अनुसार अपनी प्रभुसत्ता स्थापित करता है।[1] इतिहासकारों के अनुसार राजत्व के इस सिद्धान्त ने मुगल सम्राट को एकतंत्रीय स्वेच्छाचारी व्यवहार के लिए प्रोत्साहित किया। उसकी सत्ता की भूख बढ़ती गयी। इस भूख ने विरोधियों के दमन का सहारा लिया। जिस समय तुलसीदास 'रामचरितमानस' की रचना कर रहे थे, उनके सामने अकबर का यही दमनकारी रूप प्रधान था। सम्भवतः इसीलिए उन्होंने लिखा था–

---

1. मध्यकालीन भारत, खण्ड-2, पृ. 42

गोंड गवार नृपाल महिं, जमन महा महिपाल।
साम न दाम न भेद कलि केवल दंड कराल।।

सत्ता की भूख के साथ ही अपने हरम को सुन्दरियों से सजाने के मामले में भी अकबर किसी से कम नहीं था। इतिहासकारों के साक्ष्य पर कहा जा सकता है कि अकबर के हरम में पाँच हजार सुन्दरियाँ थीं।[1] निरन्तर लड़े जाने वाले युद्धों और अन्तःपुर को सुशोभित करने वाली सुन्दरियों पर खर्च करने के लिए अपार धन की आवश्यकता पड़ती रही होगी। इस धन का मूल स्रोत भू-राजस्व था जिसकी सीधी मार किसानों पर पड़ती थी।

सामान्यतः अकबर के शासन-काल को आर्थिक समृद्धि का काल माना जाता है किन्तु यह समृद्धि सामन्तों, बड़े-बड़े व्यापारियों तथा सामन्तों और जागीरदारों के लिए विलासिता की वस्तुएँ तैयार करने वाले उच्च स्तरीय बुनकरों, रंगसाजों और शिल्पियों तक ही सीमित थी। इसमें सन्देह नहीं कि सामन्तों के आदेश पर उत्तम किस्म के रेशमी और सूती कपड़े तैयार करने वाले बुनकरों, कशीदे, छपाई और रंगाई का काम करने वाले दस्तकारों, जड़ाऊ स्वर्णाभूषण तैयार करने वाले स्वर्णकारों, वास्तुकला में निपुण शल्पियों, लोहे तथा अन्य धातुओं से तरह-तरह की वस्तुओं और पात्रों का निर्माण करने वाले कारीगरों तथा इसी प्रकार की अन्य उपयोगी चीजें बनाने वाले कुशल दस्तकारों की आर्थिक स्थिति बेहतर थी, किन्तु बहुत से ऐसे दस्तकार और बुनकर भी थे जो व्यापारियों से पेशगी पैसे लेकर उन्हीं के लिए सामान तैयार करते थे। इनका निरन्तर शोषण होता रहता था। इनकी संख्या सामन्तों से सीधे आदेश पाने वाले दस्तकारों से अधिक होती थी। इतिहासकारों के अनुसार, 'व्यापारियों द्वारा दस्तकारों के शोषण का सबसे व्यापक रूप था पैसे का पेशगी दिया जाना और निर्मित सामान का थोक खरीद लिया जाना।' इसके अतिरिक्त कुछ दस्तकार गाँवों में रहते थे। वे ग्रामीण जरूरतों के लिए वांछित सामान तैयार करते थे। बदले में उन्हें उपज का कुछ भाग या लगान-मुक्त जमीन का छोटा-सा टुकड़ा दे दिया जाता था। इनकी हालत भी अच्छी नहीं थी।

सबसे चिन्त्य स्थिति किसानों की थी। उन्हें उपज का एक तिहाई भाग राजस्व के रूप में लगान में देना पड़ता था। यह लगान गाँव का मुखिया वसूल करता था। अकबर ने साम्राज्य के केन्द्रीय भागों में किसानों से लगान के रूप में नकद धन वसूलने की प्रथा लागू की थी। इससे किसान अपनी उपज मण्डी में बेचने के लिए मजबूर हो गये। इस प्रकार वे भी व्यापारियों और महाजनों के मुहताज हो गये। 'यद्यपि अकबर ने कई छोटे-छोटे करों को खत्म कर दिया था, फिर भी सामन्त इन

---

1. मेडीवल इण्डिया, अण्डर मुग़ल रूल, पृ. 252

करों को किसानों से वसूल करते और अपनी जरूरतों पर खर्च करते रहे।'[1]

किसानों की इस दुर्दशा को देखकर ही तुलसीदास ने लिखा होगा–

खेती न किसान को भिखारी को न भीख बलि,
बनिक को बनिज न चाकर को चाकरी।
जीविका-विहीन लोग सीद्यमान सोच बस
कहैं एक एकन सो कहाँ जाई का करी।[2]

उपर्युक्त छन्द में आया हुआ 'बनिक गाँव का वह बनिया है जो किसानों का माल खरीद कर मण्डी तक ले जाता है, वह व्यापारी नहीं, जो मण्डियों पर अपनी पूँजी से नियन्त्रण रखता है।' तुलसीदास ने गाँव और किसान को केन्द्र में रखकर उपर्युक्त बातें कही हैं। जीविका-विहीन, सामान्य जन है।

तुलसी के समय में भारतीय सामाजिक ढाँचा सबसे अधिक दुर्दशाग्रस्त था। परम्परागत वर्णाश्रम व्यवस्था पूरी तरह विशृंखल हो गयी थी। सारा भारतीय समाज अनेक प्रकार की जातियों-उपजातियों एवं धार्मिक सम्प्रदायों में बँट गया था। अन्धविश्वास, बाह्याचार, छुआछूत, चमत्कार-प्रदर्शन तथा तरह-तरह के पाखण्ड, तन्त्र-मन्त्र, टोना-टोटका आदि के चलते पूरी समाज-व्यवस्था जर्जर हो गयी थी। न तो सामान्य धर्म–सत्य, अहिंसा, क्षमा, कृपा, करुणा, संयम, त्याग, तप आदि की प्रतिष्ठा थी, न वर्णाश्रम को मर्यादित रखने वाले विशेष धर्म की, मुसलमानों के आने से वर्ण-व्यवस्था के सामने एक प्रबल चुनौती खड़ी हो गयी थी। मुसलमानों में मजहबी जोश और स्पृहणीय भ्रातृ-भावना थी। वे विजेता के रूप में आये थे और शासक बन गये थे। ऐसी स्थिति में सदियों से उपेक्षित शूद्र और अछूत समझी जाने वाली जातियों का उनके प्रति आकृष्ट होना स्वाभाविक था। भारतीय समाज में इस्लाम की चुनौती की दुहरी प्रतिक्रिया हुई। एक ओर उच्च वर्ण का दृष्टिकोण सुरक्षात्मक और संकीर्ण हो गया तो दूसरी ओर कभी भय एवं प्रलोभन और कभी सामाजिक प्रतिष्ठा प्राप्त करने की आकांक्षा से निम्न वर्ग सामूहिक रूप से इस्लाम स्वीकार करने लगा। हिन्दुओं और मुसलमानों की विकृतियों को फटकार कर दोनों के बीच एक सामान्य मार्ग प्रशस्त करने वाले निर्गुण सन्तों का आन्दोलन तुलसी के समय तक आते-आते अनेक पन्थों और सम्प्रदायों में बँट गया था। शैवों, वैष्णवों, शाक्तों, बौद्धों, जैनियों, योगियों तथा इन सभी के भीतर साधना और उपासना-भेद से विकसित अनेक उप-सम्प्रदायों में विभक्त भारतीय समाज का ढाँचा उसके बिखराव को और भी चिन्त्य बना रहा था। यहाँ रहते हुए मुसलमानों में भी सैयद,

---

1. भारत का इतिहास, प्रगति प्रकाशन, मास्को, 1973
2. कवितावली, 7/17

लोदी, शेख, पठान आदि के भेद कायम हो गये थे। सुन्नी और शिया का भेद तो था ही। दोनों जातियों के उदार वर्ग के लोग दोनों के बीच की दूरी कम करने का प्रयत्न भी बराबर करते रहे, किन्तु सच्चाई यह है कि 'पारंपरिक हिन्दू धर्म और पारम्परिक इस्लाम सम्पूर्ण मध्ययुग में एक-दूसरे से अलग-अलग ही रहे।'[1] दोनों के बीच संश्लेषण के सारे प्रयत्न संस्कृति के शिखर प्रतीकों—साहित्य, संगीत, वास्तुकला, चित्रकला आदि के बीच थोड़ी-बहुत साझेदारी के अतिरिक्त कुछ विशेष नहीं कर सके। अकबर ने हिन्दुओं को भी शासन-व्यवस्था में उच्च पद प्रदान किये। इससे शासन-तन्त्र से जुड़ी हुई राजपूत, खत्री, कायस्थ आदि जातियों में इस्लामी तहजीब के कुछ तत्त्व समाहित हो गये, किन्तु इन्होंने भी अपनी जातीय भावना की रक्षा की और अपना स्वत्व बनाये रखा। राज-भाषा होने के कारण फारसी का थोड़ा-बहुत प्रचार हिन्दुओं में भी हुआ। लोकभाषाओं में भी फारसी के बहुत से शब्द प्रचलित हुए। अकबर की प्रेरणा से उसके समय में महाभारत, अथर्ववेद, पंचतन्त्र आदि ग्रन्थों का फ़ारसी में अनुवाद हुआ। वास्तु, संगीत तथा चित्रकला के क्षेत्र में भारतीय और मुग़ल शैलियों में थोड़ा-बहुत आदान-प्रदान हुआ, किन्तु हिन्दुओं और मुसलमानों की मुख्यधारा में ऐसा संश्लेषण नहीं हुआ जो दोनों के सामाजिक ढाँचे को गहरे स्तर पर प्रभावित कर सके।

इन्हीं परिस्थितियों में तुलसीदास ने अपने कालजयी साहित्य की रचना की। उन्होंने भारतीय समाज की दुर्बलताओं को पहचाना। रामकथा के माध्यम से उन्होंने सामाजिक-आर्थिक भेदभाव मिटाने का पूरा प्रयत्न किया।

तुलसी ने वर्णाश्रम की मर्यादा को आदर्श रूप देते हुए ऐसे समाज की रचना की जिसमें छुआछूत का कोई स्थान नहीं है। उन्होंने भक्ति को केन्द्र में रखकर भारतीय समाज-व्यवस्था के भेद-भाव बहुल ढाँचे में पूरी तरह सामंजस्य स्थापित करने की कोशिश की। उन्होंने ज्ञान और भक्ति, सगुण और निर्गुण, निगम और आगम, शैव और शाक्त, राम और कृष्ण, लोक और वेद, कुलीन और अकुलीन, सवर्ण और अवर्ण, द्विज और शूद्र के बीच समन्वय स्थापित करके जर्जर सामाजिक ढाँचे में प्राण-प्रतिष्ठा की। यह सब उन्होंने सहस्रों वर्षों से लोकचित्त में प्रतिष्ठित दशरथ सुत राम के आदर्श चरित्र को मूर्त करके किया। राम उनके काव्य-नायक हैं। वे मात्र प्रेम के भूखे हैं। राम के लिए 'प्रेम' 'नेम' से बड़ा है। 'नेम' अर्थात नियम। 'नेम' के अभाव में कोई व्यवस्था नहीं चल सकती। इसलिए उसे छोड़ा नहीं जा सकता। 'प्रेम' को बढ़ाकर 'नेम' के बन्धन को शिथिल किया जा सकता है। इसी 'प्रेम' के बल पर तुलसी ने बिखरे हुए समाज में एकता और सामंजस्य स्थापित करने की कोशिश की। तुलसी के राम 'निषाद' को गले लगाते हैं। गृद्ध को गोद में बैठाते हैं। शबरी के बेर खाते हैं। कोल-भिल्लों को आदर देते हैं। बन्दरों-भालुओं को मित्र

1. मध्यकालीन भारत, खण्ड-दो, पृ. 540

बनाते हैं। प्रेम के बल पर सामाजिक श्रेणियों को एक-दूसरे के निकट लाया जा सकता है। श्रेणी-विहीन समाज स्थापित नहीं हो सकता। श्रेणी-विहीन समाज की कल्पना तुलसी के मानस में नहीं है। तुलसी की समन्वयशील दृष्टि श्रद्धा, विश्वास और प्रेम के बल पर सामाजिक भेदभाव को कम करके उसे मर्यादित और व्यवस्थित करने का मार्ग प्रशस्त करती है। तुलसी की काव्य-साधना का मूल्यांकन इसी सन्दर्भ में किया जाना चाहिए।

जीवन-परिचय

गोस्वामी तुलसीदास हिन्दी काव्याकाश के उज्ज्वलतम नक्षत्र हैं। मध्ययुगीन भारतीय सांस्कृतिक चेतना के उदात्त रूप को उसकी समग्रता में व्यक्त करने वाले वे अकेले महात्मा हैं। जन-जीवन पर जितना गहरा और व्यापक प्रभाव गोस्वामी जी का है, उतना अन्य किसी भक्त या कवि का नहीं। यह हमारा दुर्भाग्य ही कहा जायेगा कि आपके जीवन के विषय में अभी तक प्रामाणिक रूप में बहुत कम जाना जा सका है। जो कुछ ज्ञात है, उसके आधार पर आपकी जन्म एवं मृत्यु-तिथियों तथा जन्म-स्थान आदि के विषय में जो सम्भावनाएँ व्यक्त की गयी हैं, वे निम्नांकित हैं—

जन्म-तिथि

गोस्वामी जी के जन्म के विषय में मुख्यतः छह भिन्न-भिन्न तिथियों के उल्लेख मिलते हैं।

1. संवत् 1554 – 'मूल गोसाई चरित' के अनुसार।
2. संवत् 1560 – 'राम मुक्तावली' के साक्ष्य पर जगमोहन वर्मा का निर्णय।
3. संवत् 1568 – 'तुलसी प्रकाश' के रचयिता अविनाश राय के अनुसार।
4. संवत् 1600 – 'गौतम चन्द्रिका' एच. एच. विल्सन और गासाँ द तासी के अनुसार।
5. संवत् 1583 – शिवसिंह सेंगर के अनुसार।
6. संवत् 1589 – तुलसी साहब, डॉ. ग्रियर्सन और पं. रामगुलाम द्विवेदी के अनुसार।

उपर्युक्त तिथियों में कोई भी पूर्णतः प्रामाणिक नहीं है। वस्तुतः वे साक्ष्य ही अप्रामाणिक हैं जिनके आधार पर तिथियों का उल्लेख किया गया है। 'मूल गोसाई

चरित', 'राममुक्तावली', 'तुलसी प्रकाश', और 'गौतम चन्द्रिका', सभी की प्रामाणिकता संदिग्ध है। शिवसिंह सेंगर ने अपने साक्ष्य का उल्लेख नहीं किया है और लगभग 1583 लिखा है। 'तुलसी साहब' अपने को गोस्वामी तुलसीदास का अवतार बताते थे। उनके द्वारा घोषित जन्म संवत् 1589 पूर्वजन्म की स्मृति के साक्ष्य पर आधृत है। यह साक्ष्य आधुनिक युग में मान्य नहीं हो सकता। ऐसी स्थिति में तुलसी की जन्म-तिथि के विषय में निर्विवाद रूप से कुछ नहीं कहा जा सकता। 'तुलसी साहब' का समय संवत् 1820 से 1900 तक मान्य है। उन्होंने पूर्व जन्म में (जब वे तुलसीदास थे) सं. 1589, भाद्रपद शुक्ल 11, मंगलवार को अपना उत्पन्न होना लिखा है। इससे इतना ही सिद्ध होता है कि आज से लगभग 200 वर्ष पूर्व संवत् 1589 में तुलसीदास के जन्म लेने की बात लोक में प्रचलित थी क्योंकि अपने को तुलसीदास का अवतार प्रमाणित करने के लिए तुलसी साहब ने उनके विषय में अधिक-से-अधिक जानकारी प्राप्त करने की कोशिश की होगी। गणना से यह तिथि ठीक प्रमाणित होती है। इसीलिए डॉ. माता प्रसाद गुप्त को यही तिथि स्वीकार्य है। इसे स्वीकार करने पर तुलसीदास के जीवन से सम्बद्ध अन्य तथ्यों और तिथियों से संगति भी बैठ जाती है।

देहावसान

जन श्रुति के अनुसार गोस्वामी जी का देहावसान संवत् 1680 में श्रावण शुक्ल सप्तमी को अस्सी और गंगा के संगम पर हुआ था। किन्तु उनके मित्र टोडर के वंशज श्रावण कृष्ण तृतीया को उनकी बरसी मनाते आ रहे हैं। ऐसी स्थिति में इस बात की सम्भावना अधिक है कि तुलसीदास का देहावसान संवत् 1680 में श्रावण कृष्ण तृतीया को हुआ हो। कोई अकाट्य ऐतिहासिक साक्ष्य उपलब्ध न होने पर भी प्रायः सभी विद्वानों ने संवत् 1680 को ही तुलसी के महाप्रस्थान का संवत् मान लिया है।

जन्म स्थान

तुलसीदास जी के जन्म-स्थान का प्रश्न भी उलझा हुआ है। अपने को तुलसीदास का अवतार घोषित करने वाले तुलसी साहब ने बताया है कि पूर्व जन्म में वे यमुना के किनारे राजापुर में उत्पन्न हुए थे। यदि उनके कथन को तत्कालीन अनुश्रुतियों पर आधृत माना जाए तो यह स्वीकार करना होगा कि आज से लगभग 200 वर्ष पूर्व बाँदा जिले के राजापुर कस्बे को ही तुलसीदास का जन्म-स्थान माना जाता था। राजापुर के समर्थन में कुछ और प्रमाण भी हैं। कहा जाता है कि राजापुर में तुलसी के हाथ की लिखी रामचरितमानस की एक प्रति पं. मुन्नीलाल उपाध्याय के पास है। इसका केवल 'अयोध्याकाण्ड' ही बचा रह गया है। उपाध्याय जी तुलसीदास की शिष्य-परम्परा में आते हैं। इसी उपाध्याय परिवार में तीन सनदें हैं जिनमें से एक

में तुलसीदास का नाम है। जमुना के किनारे पहले एक कच्चा मकान था। कहा जाता था कि वह तुलसीदास का है। अब वह जमुना में विलीन हो गया है। उसका चित्र शेष है। एक पक्का मकान थोड़ा हटकर बनवा दिया गया है। उसमें काले पत्थर की मूर्ति है जिसे गोस्वामी जी की मूर्ति बताया जाता है। यहाँ हनुमान जी की भी एक मूर्ति है जिसे तुलसीदास द्वारा स्थापित बताया जाता है। वास्तव में ये सारे साक्ष्य इतना ही प्रमाणित करते हैं कि तुलसीदास राजापुर में काफी दिनों तक रहे थे। वहाँ उनकी शिष्य-परम्परा भी चली थी। यह प्रमाणित नहीं होता कि उनका जन्म भी राजापुर में ही हुआ था।

तुलसीदास के जन्म-स्थान के विषय में दूसरा महत्त्वपूर्ण दावा सोरों (जिला—एटा) का है। इसके सूत्र बाँदा जिले के गजेटियर में ही पाये जाते हैं। बाँदा गजेटियर में बताया गया है कि तुलसीदास राजापुर में सोरों (जिला—एटा) से आये थे। सोरों के समर्थन में निम्नलिखित महत्त्वपूर्ण साक्ष्य प्रस्तुत किये जाते हैं—

1. रामचरितमानस के बालकाण्ड और अरण्यकाण्ड की हस्तलिखित खंडित प्रतियाँ जिनकी पुष्पिका में बताया गया है कि इन्हें तुलसीदास ने अपने चचेरे भाई नन्ददास के पुत्र कृष्णदास के लिए काशी में तैयार कराकर भेजी थीं।
2. 'सूकर क्षेत्र माहात्म्य भाषा' की खंडित प्रति (संवत् 1809)।
3. 'सूकर क्षेत्र माहात्म्य भाषा' की पुष्पिका के बाद मुरलीधर चतुर्वेदी लिखित पाँच छप्पय और कृष्णदास-रचित दस दोहे।
4. 'रत्नावली चरित्र' (संवत् 1829), मुरलीधर चतुर्वेदी-रचित।
5. 'दोहारत्नावली' (तुलसीदास की पत्नी, रत्नावली-रचित)।
6. 'तुलसीप्रकाश' (संवत् 1677) अविनाश राय-रचित।

उपर्युक्त साक्ष्यों से प्रमाणित किया गया है कि तुलसीदास के पूर्वज रामपुर गाँव से चलकर सोरों जिला—एटा में आकर बस गये थे। इनके पिता का नाम आत्माराम, श्वसुर का दीनबन्धु पाठक और पत्नी का रत्नावली था। यह सनाढ्य ब्राह्मण थे। इनका आस्पद शुक्ल था। नन्ददास और चन्द्रदास इनके चचेरे भाई थे। वास्तविकता यह है कि जिस सामग्री के साक्ष्य पर उपर्युक्त परिचय प्रस्तुत किया गया है, वह संदिग्ध और अप्रामाणिक है। इसलिए सोरों का दावा भी, मात्र दावा ही है।

एटा जिले के सोरों (सूकर क्षेत्र) के अतिरिक्त गोंड़ा जिले में सरयू और घाघरा के संगम के समीप भी एक सूकरखेत है। डॉ. भगवती प्रसाद सिंह के अनुसार इस सूकरखेत में वाराह मन्दिर और उससे लगभग 200 गज की दूरी पर नरहरिदास की कुटी है। संवत् 1990 में नरहरिदास की आठवीं पीढ़ी में रामअवध दास विद्यमान थे। तुलसीदास ने अपने बालपन में इसी सूकरखेत के आस-पास किसी गाँव में रामकथा सुनी थी। इसलिए उनका जन्म इसी सूकरखेत के आस-पास किसी गाँव में हुआ

होगा। तुलसी के जन्म-स्थान के रूप में इस सूकरखेत को भी विद्वानों का समर्थन नहीं मिल सका है। तुलसीदास से सम्बद्ध कुछ सामग्री अयोध्या में भी उपलब्ध है। इस सामग्री के साक्ष्य पर इतना ही कहा जा सकता है कि तुलसी ने रामचरितमानस की रचना अयोध्या में आरम्भ की थी। इष्ट देव की जन्मभूमि होने के कारण अयोध्या उन्हें प्रिय थी किन्तु यह प्रमाणित नहीं होता कि तुलसी का जन्म अयोध्या में हुआ था। यही स्थिति काशी की है। भगवान शिव की नगरी होने के कारण काशी भी उन्हें प्रिय थी। जीवन के अन्तिम-चरण में वे काशी में ही रहे किन्तु काशी में उनका जन्म होना सिद्ध नहीं होता। तात्पर्य यह कि अभी तक निर्विवाद रूप से यह प्रमाणित नहीं हो सका है कि तुलसी का जन्म कहाँ हुआ था। तुलसीदास का देहावसान काशी में अस्सी और गंगा के संगम पर हुआ था, यह सर्वमान्य है।

अन्तस्साक्ष्य के आधार पर तुलसी का जीवन-चरित

किसी भी कवि के जीवन-चरित्र को समझने में बहिस्साक्ष्य की अपेक्षा अन्तस्साक्ष्य ही अधिक प्रामाणिक होता है। तुलसीदास ने 'कवितावली', 'दोहावली', 'विनयपत्रिका', 'रामचरितमानस' और 'बरवै रामायण' में कहीं-कहीं अपने विषय में कुछ संकेत दिये हैं। इन संकेतों के आधार पर तुलसी के जीवन की जो रूपरेखा उभरती है, वह इस प्रकार है।

तुलसीदास का जन्म ब्राह्मण वंश में हुआ था।[1] बचपन में ही वे मातृ-पितृ-विहीन हो गये थे।[2] बाल्यावस्था अत्यन्त विपन्नता में व्यतीत हुई थी।[3] अपने पेट की ज्वाला

1. ब्राह्मन ज्यों उगिल्यों उरगारि हौं त्यों ही तिहारे हिये न हितै हौं।

—कवितावली, 7/102

दियो सुकुल जनम सरीर सुन्दर हेतु जो फल चारि को।
जो पाइ पंडित परमपद पावत पुरारि मुरारि को।।

—विनयपत्रिका, 135/1

X X X

भलि भारत भूमि भले कुल जन्म समाजु सरीर भलो लहिकै।

—कवितावली, 7/33

2. मातु पिता जग जाय तज्यो विधि हू न लिखी कछु भाल भलाई।

—कवितावली, 7/57

जननी जनक तज्यो जनमि करम बिनु विधिहु सृज्यो अब डेरे।

—विनयपत्रिका, 227/2

तनु तज्यो कुटिल कीट ज्यों तज्यो मातु-पिता हूँ।

—विनयपत्रिका, 275/2

3. बारे ते ललात बिललात द्वार-द्वार दीन।
जानत हौं चारि फल चारि ही चनक को।।

—कवितावली, 7/73

शान्त करने के लिए उन्हें जाति, कुजाति, सुजाति सभी से माँगकर रोटी खानी पड़ी थी।[1] तुलसी को इस विपन्नावस्था में देखकर सन्तों ने उन्हें सान्त्वना दी थी और कहा था कि शरण में जाने पर तुम्हारे जैसे पातकी को भी भगवान राम अवश्य अपनाएँगे।[2] तुलसीदास का मूल नाम तुलसी था।

राम की भक्ति में लीन हो जाने के बाद उनकी प्रसिद्धि 'तुलसीदास' के नाम से हुई।[3] उनके गुरु निश्चय ही उदार सिद्ध महात्मा और राम-कथा के मर्मज्ञ थे।[4] उन्होंने बालपन में सूकरखेत में अपने गुरु से राम-कथा सुनी थी। उस समय वे कथा का मर्म नहीं समझ सके थे।[5] फिर भी गुरु ने बार-बार कथा का मर्म समझाया था। बड़े होने पर तुलसी ने राम-कथा का महत्त्व और मर्म समझा[6] और उसे अपनी मति के अनुसार 'रामचरितमानस' के रूप में भाषाबद्ध किया।[7] तुलसी ने गार्हस्थ जीवन व्यतीत किया था, गृहस्थी के जाल में पड़कर रामभक्ति को भुला दिया था और अनेक खोटे आचरण किये थे।[8] कुछ दिनों के लिए वे किसी मठ के गोसाईं भी हो गये थे

---

1. जाति के सुजाति के कुजाति के पेटागि बस।
   खाए टूक सबके विदित बात दुनी सों।।

   —कवितावली, 7/57

2. दुखित देखि सन्तन कह्यो सोचै जनि मन माहूँ।
   तोसे पसु पाँवर पातकी परिहरे न सरल गये रघुबर ओर निबाहू।।

   —विनयपत्रिका, 275/3

3. नाम राम को कल्पतरु कलि कल्यान निवासु।
   जो सुमिरत भयो भाँग ते तुलसी, तुलसीदासु।।

   —दोहावली, 116

   X X X

   केहि गिनती महँ गिनती जस बन घास।
   राम जपत भये तुलसी, तुलसीदास।।

   —बरवैरामायण, 7/59

4. बन्दऊँ गुरु पद कंज कृपासिन्धु नररूप हरि।
   महामोह तम पुंज जासु बचन रवि कर निकर।

   —रामचरितमानस, 1/1 सो-5

5. मैं पुनि निज गुर सन सुनी कथा सो सूकरखेत।
   समुझी नहिं तसि बालपन तब अति रहेऊँ अचेत।।

   —रामचरितमानस, 1/30-1

6. तदपि कहीं गुर बारहिं बारा। समुझि परी कछु मति अनुसारा।
7. भाषाबद्ध करबि मैं सोई। मोरे मन प्रबोध जेहि होई।

   —रामचरितमानस, 1/31-1

8. पर्‍यो लोकरीति में पुनीत प्रीति राम राय।
   मोहबस बैठो तोरि तरकि तराक हौं।
   खोटे-खोटे आचरन आचरत अपनायो।
   अंजनीकुमार सोध्यो राम पानि पाक हौं।।

   —हनुमानबाहुक, 40

और अपने बुरे दिनों को भुला दिया था[1] किन्तु उसके बाद वैराग्य वृत्ति जाग्रत होने पर राम के प्रति पूर्णतः समर्पित हो गये।[2] विरक्त तुलसीदास ने चित्रकूट[3], अयोध्या[4], काशी[5], सीतामढ़ी[6], आदि तीर्थों की यात्रा की थी। चित्रकूट के प्रति उनके मन में विशेष आकर्षण था।[7] सम्भवतः तुलसीदास ने बदरिकाश्रम की यात्रा भी की थी क्योंकि उन्होंने 'विनयपत्रिका' में बदरिकाश्रम का बड़ा ही उदात्त वर्णन किया है।[8] तुलसीदास का अन्तिम जीवन काशी में ही व्यतीत हुआ था। 'विनयपत्रिका' में उन्होंने आजीवन काशी सेवन पर बल दिया है।[9] यही नहीं, उन्होंने काशी में

1. तुलसी गोसाई भयो भोंडे दिन भूलि गयो।
   ताको फल पावत निदान परिपाक हौं।।

   —हनुमानबाहुक, 40

2. तुलसी तिहारो मन बचन करम, तेहि
   नाते नेह नेम निज ओर तैं निबाहिए।

   —कवितावली, 7/79

3. अब चित चेति चित्रकूटहिं चलू।
   कोपित कलि लोपित मंगल मगु बिलसत बढ़त मोह माया मलु।

   —विनयपत्रिका, 24/1,2

4. नौमी भौमवार मधुमासा। अवधपुरी यह चरित प्रकासा।

   —रामचरितमानस, 1/34/3

5. सेइय सहित सनेह देह भरि कामधेनु कलि कासी।
   समनि सोक सन्ताप पाप रुज, सकल सुमंगल रासी।।

   —विनयपत्रिका, 22/1-2

6. जहाँ बालमीकि भए व्याध तें मुनीन्द्र साधु,
   मरा मरा जपे सुनि सिद ऋषि सात की।
   सीय को निवास लव-कुस को जनम थल,
   तुलसी छुवत छेहिं ताप गरै गात की।
   बिटप महीप सुर सरित समीप सोहै।
   सीताबट देखत पुनीत होत पातकी।
   बारिपुर दिगपुर बीच बिलसति भूमि,
   अंकित जो जानकी चरन जलज़ात की।

   —कवितावली, 7/138

7. देखत चित्रकूट वन मन अति होत हुलास।
   सीताराम लषन प्रिय, तापस बृन्द निवास।।

   —गीतावली, 2/47

8. पुन्य बन शैल सरि बदरिकाश्रम सदाऽसीत पद्मासनं एक रूपं।
   सिद्ध योगीन्द्र वृन्दारकानंदप्रद भद्रदायक दरस अति अनूपं।।

   —विनयपत्रिका, 60

9. सेइय सहित सनेह देह भरि कामधेनु कलि कासी।
   समनिसोक सन्ताप पाप रुज, सकल सुमंगल रासी।

   —विनयपत्रिका, 22

लगनेवाली रुद्रबीसी[1], मीन की सनीचरी[2] और महामारी[3] की भयंकरता का जो चित्रण किया है, उससे प्रकट है कि इन सारी आपदाओं को उन्होंने काशी में रहते हुए झेला था। काशी में रहते हुए रामभक्त तुलसी को सम्मान भी मिला और विरोध भी। सम्मान इतना मिला कि राजा भी उनके चरणों की पूजा करने लगे[4] और संसार उन्हें महामुनी समझने लगा।[5] विरोध इस सीमा तक हुआ कि उन्हें भौतिक बाधा (शारीरिक पीड़ा) तक दी गयी।[6] भौतिक बाधा देने वाले सम्भवतः शैव सम्प्रदाय के कट्टर अनुयायी थे। तुलसी ने 'आधिभौतिक बाधा भई ते किंकर तोरे' कहकर इसी तथ्य की ओर संकेत किया है। विरोध कट्टर ब्राह्मणों और पण्डितों ने भी किया था। उन्हें तुलसी की जाति-पाँति सम्बन्धी उदारता खलती थी। ऐसे ही लोगों को उत्तर देते हुए तुलसी ने कहा है–

धूत कहौ, अवधूत कहौ, रजपूत कहौ, जोलहा कहौ कोऊ।
काहू की बेटी सों बेटा न ब्याहब, काहू की जाति बिगार न सोऊ।।[7]

---

1. बीसी बिस्वनाथ की बिवाद बड़ो बारानसी,
   बुझिए न ऐसी गति संकर-सहर की।
   कैसि कहै तुलसी, वृषासुर के वर दानि,
   बानि जानि सुध तजि पियनि जहर की।।

   –कवितावली, 7/170

2. एक तो कराल कलि काल सूल मूल तामें,
   कोढ़ में की खाजु सी सनीचरी है मीन की।

   –कवितावली, 7/177

3. संकर-सहर-सर नर नारि-बारिचर,
   विकल सकल महामारी माँजा भई है।

   –कवितावली, 7/176

4. घर-घर माँगे टूक पुनि भूपति पूजे पाय।
   जे तुलसी तब राम बिनु ते अब राम सहाय।।

   –दोहावली, 109

5. राम नाम को प्रभाउ, पाउ महिमा प्रताप,
   तुलसी से जग मनियत महामुनी सो।।

   –कवितावली, 7/72

6. गाँव बसत बामदेव मैं कबहूँ न निहोरे।
   आधिभौतिक बाधा भई ते किंकर तोरे।।

   –विनयपत्रिका, पद-8

7. कवितावली, 7/106

काशी में रहते हुए तुलसी के सम्पर्क में आने वाले कुछ व्यक्तिगत मित्रों की चर्चा भी की जाती है। इनमें गंगाराम और टोडरमल का उल्लेख विशेष रूप से किया जाता है। गंगाराम काशी के प्रहलाद घाट के निवासी थे। 'रामाज्ञाप्रश्न' में सम्भवतः उन्हीं को सम्बोधित करते हुए कवि ने कहा है–

सगुन प्रथम उनचास सुभ, तुलसी अति अभिराम।
सब प्रसन्न सुर भूमि सुर, गोगन गंगाराम।।[1]

टोडरमल काशी के एक जमींदार थे। उनकी मृत्यु के बाद उनकी जमींदारी का बँटवारा तुलसीदास ने एक पंचनामे के द्वारा कर दिया था। कहा जाता है कि पंचनामे के शीर्ष की पंक्तियाँ तुलसीदास के हाथ की लिखी हैं। पंचनामे पर संवत् 1669 की तिथि अंकित है। यह पंचनामा काशिराज के संग्रह में सुरक्षित है। कहा जाता है कि इन्हीं टोडरमल की प्रशंसा में तुलसी ने कुछ दोहे भी रचे थे, किन्तु 'दोहावली' में वे दोहे संगृहीत नहीं हैं। टोडरमल के वंशज आज भी तुलसी की पुण्य तिथि पर ब्राह्मणों को सीधा बाँटते हैं। तुलसी के तीसरे मित्र अब्दुर्रहीम खानखाना बताये जाते हैं। खानखाना सं. 1646 से 48 तक बनारस के हाकिम थे। अतः उनका तुलसी का मित्र होना स्वाभाविक है। कहा जाता है कि तुलसी ने 'बरवैरामायण' की रचना 'खानखाना' की प्रेरणा से की थी। किन्तु अन्तस्साक्ष्य से इसकी पुष्टि नहीं होती।

तुलसीदास ने लम्बी आयु पायी थी। कवितावली में उनकी वृद्धावस्था के सूचक अनेक छन्द हैं। वृद्धावस्था में तुलसीदास को 'बाहु पीड़ा' और 'बरतोर' का दुस्सह कष्ट भी झेलना पड़ा था। 'हनुमानबाहुक' की रचना ही बाहु-पीड़ा के निवारण के लिए हनुमान जी की स्तुति के रूप में की गयी है। 'हनुमानबाहुक' में कवि ने अपने सारे शरीर के जर्जर होने और सभी अंगों में असह्य पीड़ा होने का उल्लेख किया है।[2]

ऐसा समझा जाता है कि वृद्धावस्था में होने वाले रोगों से वे मुक्त नहीं हो सके थे। उन्होंने अनेक प्रकार की औषधियों के प्रयोग किये, जन्त्र-मन्त्र, टोटका किया, देवताओं की मनौती की, किन्तु सब व्यर्थ गया। रोग बढ़ता ही गया[3] और अन्ततः

---

1. रामाज्ञाप्रश्न, 1/7
2. पाँय-पीर, पेट-पीर, बाहु-पीर, मुँह-पीर, जरजर सकल सरीर पीर भई है।
   देव, भूत, पितर, करम, खल, काल, ग्रह, मोहिं पर दवरि दमानक सी हुई है।
   –हनुमानबाहुक, 38
3. औषध अनेक जन्त्र मन्त्र टोटकादि किये, बादिभए देवता, मनाये अधिकति है–
   –हनुमानबाहुक, 30

तुलसी की जीने की इच्छा समाप्त हो गयी।[1] इससे प्रकट है कि तुलसीदास अन्त तक रोगमुक्त नहीं हुए और संवत् 1680 में अस्सी और गंगा के संगम पर अपना नश्वर शरीर त्याग दिया।

1. जीवे की न लालसा, दयालु महादेव!
मोहि, मालुम है तोहि मरिबेई को रहत हौं।

—कवितावली, 7/167

प्रामाणिक रचनाएँ

गोस्वामी तुलसीदास की निम्नलिखित बारह रचनाएँ प्रामाणिक मानी जाती हैं—

1. वैराग्य संदीपनी
2. रामाज्ञाप्रश्न
3. रामललानहछू
4. रामचरितमानस
5. जानकीमंगल
6. पार्वतीमंगल
7. गीतावली (राम गीतावली)
8. कृष्ण गीतावली
9. विनयपत्रिका
10. दोहावली
11. बरवैरामायण
12. कवितावली (हनुमानबाहुक समेत)

उपर्युक्त बारह रचनाओं में भी प्रथम तीन—वैराग्य संदीपनी, रामाज्ञाप्रश्न, रामललानहछू—के सम्बन्ध में कुछ विद्वान सन्देह प्रकट करते हैं। अतः सर्वप्रथम इनकी प्रामाणिकता पर विचार करना आवश्यक है।

वैराग्य संदीपनी

हिन्दी के प्रायः सभी मान्य समीक्षकों—बाबू शिवनन्दन सहाय, मिश्रबन्धु, बाबू श्यामसुन्दर दास, आचार्य रामचन्द्र शुक्ल, पं. रामनरेश त्रिपाठी, आचार्य विश्वनाथ प्रसाद मिश्र आदि ने इसे तुलसी की प्रामाणिक रचना माना है। मात्र डॉ. माताप्रसाद गुप्त इसे प्रामाणिक नहीं मानते। उनका तर्क यह है कि एक तो इसकी कोई

हस्तलिखित प्रति तुलसीदास के समय की नहीं पायी जाती। अधिक-से-अधिक पुरानी प्रति भी तुलसीदास के लगभग 250 वर्ष बाद की है। दूसरे, इसकी शैली और विचारधारा भी तुलसीदास से मेल नहीं खाती। वस्तुतः ये दोनों तर्क महत्त्वहीन हैं। कवि के समय की हस्तलिखित प्रति का न प्राप्त होना उसकी अप्रामाणिकता का द्योतक नहीं है। तुलसीदास की अन्य कई रचनाएँ ऐसी हैं जिनकी हस्तलिखित प्रतियाँ उनके जीवन-काल के बहुत बाद की हैं। 'वैराग्य संदीपनी' का महत्त्व 'रामचरितमानस', 'विनयपत्रिका', 'गीतावली' आदि से कम है। इसलिए उसकी प्राचीन हस्तलिखित प्रतियों को सुरक्षित रखने का विशेष प्रयत्न नहीं किया गया। जहाँ तक शैली और विचारधारा का प्रश्न है, कवि की आरम्भिक रचना होने के कारण प्रौढ़ रचनाओं की तुलना में उसका थोड़ा-बहुत पार्थक्य स्वाभाविक है। इसलिए 'वैराग्य संदीपनी' को तुलसीदास की प्रामाणिक रचना मानना सर्वथा उचित है। 'वैराग्य संदीपनी' का प्रतिपाद्य सन्त जीवन एवं वैराग्य वृत्ति का महत्त्व प्रतिपादन है। कवि ने इसकी रचना गृहस्थ जीवन से विरक्त होने के बाद अपनी रचना-यात्रा के प्रथम चरण में ही की होगी।

रामाज्ञाप्रश्न

इस कृति को अनेक नामों से अभिहित किया जाता है। रामाज्ञाप्रश्न, रामशलाका, रघुबरशलाका, सगुनमाला, सगुनावली, रामायणसुगुनौली आदि अनेक नामों से प्रचारित होना, इसकी लोकप्रियता का द्योतक है। यहाँ यह स्मरणीय है कि 'रामाज्ञाप्रश्न' और 'रामचरितमानस' के कुछ संस्करणों में प्रकाशित 'रामशलाका' एक ही रचना नहीं है। गीताप्रेस, गोरखपुर से प्रकाशित 'रामचरितमानस' में भी जो खातेदार 'रामशलाका' दी गयी है, वह तुलसीकृत न होकर किसी करामाती की करतूत है। मूल 'रामशलाका' इससे भिन्न और 'रामाज्ञाप्रश्न' से अभिन्न है। कुछ विद्वानों ने इसे अप्रामाणिक माना है। उनका तर्क है कि 'रामाज्ञाप्रश्न' काव्य सौष्ठव की दृष्टि से हीन-कोटि की रचना है। तुलसी की कला के अनुरूप नहीं है। इसके अतिरिक्त इसका कथानक भी रामचरितमानस से भिन्न है। 'मानस' में परशुराम का आगमन धनुर्भंग के ठीक बाद हुआ है। 'रामाज्ञाप्रश्न' में परशुराम, राम के विवाह के बाद बारात की वापसी के समय मार्ग में मिलते हैं। उपर्युक्त दोनों ही तर्क महत्त्वहीन हैं। प्रारम्भिक रचना होने के कारण 'रामाज्ञाप्रश्न' की कला-शिथिलता स्वाभाविक है। जहाँ तक कथानक की भिन्नता का प्रश्न है, 'जानकीमंगल' और 'गीतावली' में भी कथानक की थोड़ी-बहुत भिन्नता लक्षित होती है। जब इन कृतियों को अप्रामाणिक नहीं माना जाता तो 'रामाज्ञाप्रश्न' को ही अप्रामाणिक क्यों माना जाय? वस्तुतः यह तुलसी की प्रामाणिक कृति है और इसकी रचना का उद्देश्य रामकथा के माध्यम से शुभाशुभ विचार है।

रामललानहछू

इसकी प्रामाणिकता के सम्बन्ध में भी शंका की जाती है। जिन विद्वानों ने इसे तुलसी की प्रामाणिक कृति मानने में सन्देह व्यक्त किया है, उनका सबसे प्रबल तर्क यह है कि इस कृति में शृंगार का अमर्यादित चित्रण किया गया है और दशरथ को एक कामुक व्यक्ति के समान निम्न कोटि की स्त्रियों के प्रति अनुरक्त दिखाया गया है। किन्तु यह तर्क निराधार है। 'रामललानहछू' की रचना लोक-मानस को ध्यान में रखकर नहछू नहावन के अवसर पर मंगलगान के लिए सोहर छन्द में की गयी है। आज भी गाँवों में स्त्रियाँ इस अवसर पर जो सोहर गाती हैं, उसमें नाइन, तँबोलिन, मालिन, दरजिन आदि अपने नेग के लिए गृहस्वामी से ठकठेना करती हैं और इस क्रम में थोड़ी-बहुत शृंगारिक चेष्टाएँ भी प्रदर्शित करती हैं। लोक-जीवन में इसे अवसरोचित सरस प्रसंग के रूप में लिया जाता है। इसलिए 'रामललानहछू' को मात्र इसलिए अप्रामाणिक नहीं माना जा सकता कि उसमें शृंगार का अमर्यादित वर्णन है। इसके अतिरिक्त इस रचना की प्राचीनतम प्रति, (जो डॉ. माताप्रसाद गुप्त के पास सुरक्षित है) का लिपिकाल संवत् 1665 है। निश्चय ही यह कवि के जीवन-काल की प्रति है। इसमें निम्न कोटि की ग्रामीण स्त्रियों—अहीरिन, लोहारिन, तँबोलिन, नाइन, दरजिन, बारिन आदि का रूप चित्रण भी नहीं है। इसलिए अपने मूल रूप में यह रचना निश्चय ही प्रामाणिक है।

जानकीमंगल

यह तुलसीदास की सर्वमान्य प्रामाणिक रचना है। अनुमानतः इसकी रचना रामचरितमानस के पूर्व और 'रामललानहछू' के बाद मानी जाती है। यह मंगल-काव्य है। इसे उपवीत और ब्याह—दोनों अवसरों पर गाया जा सकता है। स्वयं तुलसीदास ने इसके सम्बन्ध में लिखा है—

उपवीत ब्याह उछाह जे सिय राम मंगल गावहीं।
तुलसी सकल कल्यान ते नर-नारि अनुदिन पावहीं।।

इसमें कथा का ढाँचा 'रामचरितमानस' से कुछ भिन्न है। उदाहरण के लिए इसमें पुष्प-वाटिका में राम और सीता के मिलन का प्रसंग नहीं है। परशुराम का आगमन राम-विवाह के बाद बारात की वापसी में होता है। 'रामाज्ञाप्रश्न' में भी कथा इसी ढाँचे पर निबद्ध है। इससे भी यही सिद्ध होता है कि 'जानकीमंगल' की रचना 'रामाज्ञाप्रश्न' और 'रामललानहछू' की परम्परा में की गयी है और यह तुलसी की अभ्यासकालीन रचना है। कहा जाता है कि अयोध्या के कामद कुंज में इसकी एक संवत् 1632 की तुलसी के हाथ की लिखी प्रति सुरक्षित है। यह प्रति डॉ. माताप्रसाद

गुप्त को देखने को नहीं मिली थी। इसका तुलसी के हाथ का लिखा होना संदिग्ध है क्योंकि तिथि की लिखावट मूल प्रति की लिखावट से भिन्न है। अनुमानतः यह किसी ऐसी मूल प्रति की प्रतिलिपि है जो संवत् 1632 में तैयार गयी थी। डॉ. उदयभानु सिंह का अनुमान है कि 'जानकीमंगल' की रचना 'रामचरितमानस' से कुछ ही समय पूर्व संवत् 1629-30 के लगभग हुई होगी।

रामचरितमानस

तुलसीदास की अत्यन्त लोकप्रिय और श्रेष्ठ रचना है। इसका आरम्भ स्वयं कवि के साक्ष्य के आधार पर संवत् 1631 में चैत्र शुक्ल नवमी, मंगलवार को हुआ। ज्योतिष की गणना के अनुसार संवत् 1631 में चैत्र शुक्ल नवमी बुधवार को पड़ती है। महात्मा अंजनीनन्दन शरण के अनुसार नवमी मंगल और बुध दोनों दिन पड़ती है। मंगल तुलसीदास के इष्टदेव हनुमान जी का जन्मदिन है। इसलिए उन्होंने मंगल को ही 'रामचरितमानस' का शुभारम्भ करना ठीक समझा। 'रामचरितमानस' की सबसे प्राचीन हस्तलिखित प्रति अयोध्या के श्रावणकुंज मन्दिर की है। यह प्रति संवत् 1661 की कही जाती है। डॉ. माताप्रसाद गुप्त के अनुसार यह संवत् 1691 की है। इसमें दहाई का अंक बदल दिया गया है। इसका केवल बालकाण्ड ही प्राचीन है। दूसरी महत्त्वपूर्ण प्रति काशिराज पुस्तकालय की है। इसका लिपिकाल संवत् 1704 है। इसमें अयोध्याकाण्ड की पुष्पिका में कुछ संशोधन किया गया है और अरण्यकाण्ड एवं किष्किन्धाकाण्ड में कुछ पंक्तियाँ प्रक्षिप्त हैं। इससे इसकी प्रामाणिकता में कुछ-कुछ सन्देह प्रकट किया गया है। तीसरी प्रति राजापुर की है। इसमें केवल 'अयोध्याकाण्ड' ही अवशिष्ट है। यह तुलसी द्वारा लिखित बतायी जाती है किन्तु इसकी लिखावट तुलसी की कथित मान्य लिखावट से मेल नहीं खाती। 'रामचरितमानस' के अनेक संस्करण प्रकाशित हैं किन्तु वैज्ञानिक पाठालोचन की दृष्टि से डॉ. माताप्रसाद गुप्त द्वारा सम्पादित और 'हिन्दुस्तानी अकादमी', इलाहाबाद द्वारा प्रकाशित तथा पं. विश्वनाथप्रसाद मिश्र द्वारा सम्पादित और काशिराज न्यास, वाराणसी द्वारा प्रकाशित संस्करण ही अधिक प्रामाणिक माने जाते हैं। विद्वानों का अनुमान है कि 'रामचरितमानस' लगभग पाँच वर्षों में पूरा हुआ होगा। उसके बाद भी उसमें संशोधन-परिवर्धन का क्रम चलता रहा होगा और संवत् 1642 तक, 'पार्वतीमंगल' की रचना के पूर्व, वह अपना अन्तिम रूप प्राप्त कर सका होगा। कुछ भी हो, यह निर्विवाद है कि 'रामचरितमानस' मध्यकालीन भारतीय संस्कृति का विश्वकोष है और साहित्य, कला, समाज-दर्शन, नीतिशास्त्र, मनोविज्ञान आदि अनेक दृष्टियों से उसका महत्त्व सर्वमान्य है।

पार्वतीमंगल

यह भी मंगल काव्य है। इसमें शिव-पार्वती विवाह की कथा वर्णित हे। यह इस बात का प्रमाण है कि राम-भक्त होते हुए भी तुलसी शिव और पार्वती के प्रति अगाध श्रद्धा रखते थे। 'पार्वतीमंगल' की रचना स्वयं कवि के साक्ष्य पर जय संवत् में फाल्गुन शुक्ल पंचमी गुरुवार को हुई थी। पं. सुधाकर द्विवेदी के अनुसार जय संवत्, विक्रमीय संवत् 1643 में पड़ता है। डॉ. माताप्रसाद गुप्त ने स्वामी कन्नू पिलाई की गणना के आधार पर बताया है कि तुलसी के जीवन-काल में 'जय वर्ष' संवत् 1642 में पड़ता है। किन्तु उस वर्ष फाल्गुन शुक्ल पंचमी रविवार को पड़ती है। संवत् 1643 में फागुन शुक्ल पंचमी को गुरुवार अवश्य पड़ता है किन्तु उस अवधि तक 'जय वर्ष' समाप्त हो गया रहता है। डॉ. गुप्त का समाधान यह है कि 'पार्वती मंगल' की रचना संवत् 1643 में फाल्गुन शुक्ल पंचमी, गुरुवार को ही हुई थी। चूँकि 'जय संवत्', वर्ष 1642 से आरम्भ होकर संवत् 1643 की शुरुआत तक चलता रहा, इसलिए कवि ने उस पूरे वर्ष को 'जय संवत्' मान लिया। कुछ भी हो, 'रामचरितमानस' के बाद रची जाने और प्रारम्भिक रचनाओं की तुलना में प्रौढ़ होने के बावजूद 'पार्वतीमंगल' तुलसीदास की प्रथम कोटि की रचना नहीं है।

कृष्ण गीतावली

इसमें कुल 61 पदों में कृष्ण चरित का संक्षिप्त किन्तु व्यवस्थित वर्णन किया गया है। विद्वानों का अनुमान है कि इसकी रचना तुलसीदास ने अपनी वृन्दावन-यात्रा के क्रम में यात्रा-समाप्ति के ठीक बाद किसी समय की होगी। ऐसा समझा जाता है कि तुलसीदास ने रामचरितमानस की रचना करने के बाद संवत् 1642 के आस-पास वृन्दावन की यात्रा की थी। इसलिए 'कृष्ण गीतावली' की रचना संवत् 1642 और संवत् 1650 के बीच किसी समय हुई होगी। 'कृष्ण गीतावली' तुलसी की प्रौढ़ रचना है। इसमें कई पद ऐसे हैं जो 'सूरसागर' में भी पाये जाते हैं। विद्वानों का अनुमान है कि 'सूरसागर' के पदों में तुलसी के पद सन्निविष्ट हो गये हैं क्योंकि 'रामचरितमानस' जैसे गौरवशाली ग्रन्थ के प्रणेता तुलसीदास 'कृष्ण गीतावली' जैसी छोटी और व्यवस्थित रचना में सूर के पदों को क्यों समाविष्ट करते, सूर के बिखरे पदों का संग्रह करते समय संग्रह-कर्ताओं ने भूल से 'कृष्ण गीतावली' के पदों को भी सूर-रचित मान लिया होगा। यही सम्भावना अधिक समीचीन प्रतीत होती है। कुछ भी हो, यह निर्विवाद है कि 'कृष्ण गीतावली' की रचना करके तुलसी ने कृष्ण के प्रति अपनी निष्ठा प्रमाणित की है और राम तथा कृष्ण भक्ति-धारा के बीच सामंजस्य स्थापित किया है।

गीतावली

इसके पहले प्रारूप का नाम 'पदावलीरामायण' था। बाद में उसे व्यवस्थित और सम्पादित करके 'गीतावली' नाम दिया गया। यह सम्पादन स्वयं तुलसीदास ने किया होगा। ऐसा इसलिए मानना उचित है कि 'पदावलीरामायण' की उपलब्ध हस्तलिखित प्रतियों में 'गीतावली' की प्रतियों से पद संख्या कम है। 'गीतावली' को संक्षिप्त करके 'पदावलीरामायण' बनाया गया होगा, ऐसा सम्भव नहीं है। अधिक तर्कसंगत यही है कि 'पदावलीरामायण' को ही संशोधित-परिवर्धित करके 'गीतावली' का रूप दिया गया होगा। 'गीतावली' की रचना लम्बी अवधि में की गयी होगी। अनुमानतः संवत् 1646 से लेकर 1666 तक 'गीतावली' के पद रचे गये हैं। 'गीतावली' की प्राचीनतम उपलब्ध हस्तलिखित प्रति सं. 1797 की है जो राजकीय पुस्तकालय प्रतापगढ़ में सुरक्षित है। 'गीतावली' की हस्तलिखित प्रतियों और प्रकाशित संस्करणों में प्रायः समानता है। 'गीतावली' तुलसी की विशिष्ट रचना है। यह गीति-मुक्तक है। इसमें रामचरित के कोमल, सरस और मार्मिक प्रसंगों को ही चित्रित किया गया है। इसमें सीता-निर्वासन और लव-कुश जन्म कथा भी वर्णित है जो 'रामचरितमानस' में नहीं है। इसके एक पद में कौशल्या ने पथिक द्वारा राम को सन्देश भेजा है जिसमें उनके घोड़ों की करुण दशा का अत्यन्त मार्मिक चित्रण है। इसके कुछ पद थोड़े हेर-फेर के साथ 'सूरसागर' में भी पाये जाते हैं। 'सूरसागर' स्वयं सूरदास द्वारा सम्पादित नहीं है। सूर के पदों का संग्रह बाद को कृष्ण-भक्तों ने किया है। इससे अधिक संगत यही प्रतीत होता है कि 'गीतावली' के पद ही 'सूरसागर' में संगृहीत हो गये होंगे। 'गीतावली' निश्चय ही रामकथा के मार्मिक प्रसंगों को गीति-शैली में मूर्त करने वाली अन्यतम कृति है।

विनयपत्रिका

तुलसीदास की मानसिक-यात्रा का साक्ष्य प्रस्तुत करने वाली अन्यतम कृति है। विद्वानों का अनुमान है कि इसका पूर्व रूप 'रामगीतावली' है। कालान्तर में 'रामगीतावली' में विनय सम्बन्धी अनेक पदों को सम्मिलित करके और रामकथा सम्बन्धी पदों को अलग करके स्वयं तुलसीदास ने 'विनयपत्रिका' के रूप में एक नयी रचना प्रस्तुत की। यह संशोधन-परिवर्धन संवत् 1631 के बाद से लेकर कवि के जीवन-काल के अन्तिम चरण तक चलता रहा। 'विनयपत्रिका' की प्राचीनतम उपलब्ध हस्तलिखित प्रति संवत् 1760 की है। कवि के जीवनकाल की कोई हस्तलिखित प्रति उपलब्ध नहीं है। 'विनयपत्रिका' तुलसी की प्रौढ़तम रचना है। यह अपने व्यवस्थित रूप में प्रबन्धात्मक रचना है। सम्राटों के दरबार में पत्रिका प्रेषित करने की जो पद्धति उस समय प्रचलित थी, तुलसी ने उसी का अनुसरण करते हुए

'विनयपत्रिका' की रचना की है। इस पत्रिका पर अन्ततः अपनी स्वीकृति प्रदान करके भगवान राम ने तुलसी को भक्त का गौरव प्रदान किया है। तुलसीदास का दार्शनिक और चिन्तक रूप भी 'विनयपत्रिका' में पूरी तरह सजग है। प्रधानता भक्त रूप को ही दी गयी है। 'विनयपत्रिका' के 279 पदों में तुलसी का पूरा अन्तर्जगत् प्रतिबिम्बित है। राम-भक्तों के लिए वह भक्ति-सिद्धान्त का आधार ग्रन्थ है। काव्य-तत्त्व की दृष्टि से भी 'विनयपत्रिका' एक कालजयी रचना है। ऐसा लगता है कि मध्यकालीन प्रपत्तिमूलक भक्ति-साधना का निखरा हुआ रूप 'विनयपत्रिका' में साकार हो उठा है।

दोहावली

इसमें तुलसीदास द्वारा रचित दोहे संगृहीत हैं। इसकी प्राचीनतम हस्तलिखित प्रति संवत् 1797 की है। इसमें कुल 478 दोहे हैं। 'दोहावली' की प्रकाशित प्रतियों में 573 दोहे हैं। हस्तलिखित और प्रकाशित प्रतियों में पर्याप्त पाठभेद पाया जाता है। तुलसीदास के दोहों का एक संग्रह 'तुलसी सतसई' के नाम से प्रचलित है। 'सतसई' की प्राप्त प्रतियों में पाठ-भेद है। कवि के देहावसान के बाद उन्हें सतसईकार प्रमाणित करने के लिए कुछ दोहे अपनी ओर से जोड़कर तुलसी-प्रेमियों ने 'सतसई' नाम से एक और संग्रह तैयार कर दिया। 'सतसई' के सवा सौ दोहे 'दोहावली' में भी पाये जाते हैं। इन दोहों को छोड़कर शेष दोहे प्रक्षिप्त हैं। 'दोहावली' निश्चय ही कवि की प्रामाणिक रचना है। इसे कवि ने संवत् 1626 से लेकर जीवन के अन्तिम चरण तक पूरा किया है क्योंकि इसमें कुछ दोहे ऐसे हैं जो कवि की अन्तिम अवस्था की ओर संकेत करते हैं। 'दोहावली' में विषय-वैविध्य है। नीति, भक्ति, सूक्ति, लोकानुभव, आत्मकथ्य, नाम-माहात्म्य आदि अनेक विषयों को दोहे जैसे छोटे छन्द में पूरी कला-निपुणता के साथ निबद्ध किया गया है। 'दोहावली' तुलसी की मित-कथन-शैली के कलात्मक उत्कर्ष का प्रतीक है।

बरवैरामायण

इसकी प्राप्त हस्तलिखित प्रतियों में बरवै छन्दों की संख्या अलग-अलग है। बरवै का क्रम और पाठ भी भिन्न है। कुछ प्रतियों में बरवै-संख्या मात्र 69 है और कुछ ऐसी प्रतियाँ भी हैं जिनमें 396 या 405 बरवै हैं। विचित्रता यह है कि इनमें केवल 15 बरवै ही उभयनिष्ठ हैं। नागरी-प्रचारिणी सभा, काशी, द्वारा प्रकाशित 'तुलसी ग्रन्थावली' में 69 बरवै संगृहीत हैं। 'बरवैरामायण' तुलसी की प्रामाणिक रचना है किन्तु यह निर्णय करना कठिन है कि उसका कौन-सा रूप प्रामाणिक है। इसकी सबसे प्राचीन प्रति संवत् 1797 की है। यह प्रति राजकीय पुस्तकालय, प्रतापगढ़

में सुरक्षित है। विद्वानों का अनुमान है कि 'बरवैरामायण' की रचना संवत् 1630 से 80 के बीच हुई है। इसका सम्पादन स्वयं कवि ने नहीं किया है। इसलिए इसकी प्राप्त हस्तलिखित प्रतियों में बरवै संख्या, उनका क्रम और पाठ अलग-अलग हैं। 'बरवै' अवधी का अपना छन्द है। 'बरवैरामायण' तुलसी की अत्यन्त सरस और कलात्मक रचना है।

कवितावली

यह एक संग्रह ग्रन्थ है। उस युग में कवित्त, सवैया, छप्पय, झूलना, घनाक्षरी आदि सभी छन्दों को 'कवित्त' कहने की प्रथा थी। इसीलिए तुलसीदास ने समय-समय पर उपर्युक्त छन्दों में जो कुछ लिखा, उसे संगृहीत करके 'कवितावली' (कवित्तावली) नाम दे दिया गया। 'हनुमानबाहुक' में कवित्त शैली में हनुमान जी की स्तुति की गयी है। कवित्त में रचित होने के कारण इसे भी 'कवितावली' के परिशिष्ट में सम्मिलित कर लिया गया है। कवितावली की कुछ प्रतियों में 'हनुमानबाहुक' सम्मिलित नहीं है। 'कवितावली' की प्राप्त सभी प्रतियों में छन्द संख्या, उनका क्रम और पाठ एक जैसा नहीं है। यह अन्तर 'बरवैरामायण' जैसा नहीं है, फिर भी इससे इतना तो प्रमाणित होता ही है कि 'कवितावली' का संग्रह तुलसीदास के बाद किसी तुलसी-भक्त ने किया होगा। 'कवितावली' में कुल तीन ऐसी घटनाओं का उल्लेख है, जिनसे उसके रचना-काल का अनुमान लगाया जा सकता है। ये घटनाएँ हैं–'रुद्रबीसी', 'मीन की सनीचरी' और 'महामारी'। 'रुद्रबीसी' का समय मिश्रबन्धुओं के अनुसार संवत् 1665 से 85 है। पं. सुधाकर द्विवेदी के अनुसार यह अवधि संवत् 1655 से 1675 है। स्वामी कन्नू पिलाई के अनुसार यह अवधि संवत् 1623 से 1642 है। उपर्युक्त तीनों ही तिथियाँ तुलसी के जीवन-काल के अन्तर्गत आती हैं। 'मीन की सनीचरी' (मीन राशि में शनि की स्थिति) तुलसी के जीवन काल में दो बार लगी थीं, पहली बार संवत् 1669 के चैत्र शुक्ल 2 से संवत् 1671 के ज्येष्ठ तक। गणना से दोनों ही तिथियाँ शुद्ध हैं। 'महामारी' के सम्बन्ध में विद्वानों का अनुमान है कि यह 'ताऊन' रहा होगा जो भारत में पहली बार संवत् 1673 में महामारी के रूप में फैला था। 'रुद्रबीसी' का समय चाहे जो रहा हो, तुलसी ने चाहे जिस 'मीन की सनीचरी' की ओर संकेत किया हो और 'महामारी' का प्रयोग चाहे जिस भयंकर बीमारी के लिए किया गया हो, यह निर्विवाद है कि ये सारी घटनाएँ तुलसी के जीवन-काल में अलग-अलग कालावधि के भीतर घटित हुई थीं और 'कवितावली' के छन्दों की रचना इस लम्बी अवधि के भीतर होती रही। 'कवितावली' में कुछ ऐसे छन्द भी हैं जो कवि की वृद्धावस्था की सूचना देते हैं। इसीलिए यह अनुमान लगाया गया है कि संवत् 1631 से लेकर संवत् 1680 के बीच 'कवितावली' के छन्द लिखे जाते रहे। इसीलिए इनमें अनेक विषयों का समावेश हो सका है।

कवितावली में रामकथा के मार्मिक प्रसंगों का चित्रण तो है ही, कुछ छन्द कृष्ण विषयक हैं। कई छन्दों में देवी-देवताओं की स्तुतियाँ हैं और बाहु पीड़ा-निवारण के निमित्त हनुमान जी की जो प्रार्थना की गयी है, वह अपनी निजता और विशिष्टता के कारण स्वतन्त्र रचना के रूप में मान्य है।

'कवितावली' का महत्त्व तुलसी के आत्मचरित्र और उनके समय की यथार्थ सामाजिक स्थिति के चित्रण की दृष्टि से भी सर्वमान्य है। 'कवितावली' के उत्तर काण्ड के 33 वें छन्द में तुलसीदास ने भारतवर्ष की महिमा का जो वर्णन किया है, वह पूरे तुलसी-साहित्य में अप्रतिम है। 'कवितावली' एक प्रौढ़ रचना है। इसकी भाषा साहित्यिक ब्रज़-भाषा है। इसका ढाँचा मुक्तक काव्य का है। इसकी रचना चारणों की कवित्त-सवैया-पद्धति पर की गयी है। इसमें तुलसी का कवि रूप अपनी पूरी शक्ति और गरिमा के साथ प्रकट हुआ है। निस्सन्देह 'कवितावली' तुलसीदास की अप्रतिम कृति है।

तुलसीदास के दार्शनिक सिद्धान्त

तुलसीदास जी तर्क के बल पर जीवन और जगत् के सत्य का उद्‌घाटन करने वाले आचार्य या पण्डित नहीं थे। उन्हें तो 'कलि-मल का शमन' करना था। इसके लिए 'विधि-निषेध-मय राम-कथा' का गान ही उनका लक्ष्य था। वे जानते थे कि कोरा पाण्डित्य वाक्यज्ञान मात्र है, इसमें अत्यन्त निपुण होने पर भी संसार-सागर को पार नहीं किया जा सकता।[1] भव तरने के लिए दास्य-रति (सेवक-सेव्य-भाव) ही एकमात्र श्रेष्ठ साधन है।[2] किन्तु रति या प्रीति का आधार प्रतीति (विश्वास) है और प्रतीति, पूरी जानकारी (ज्ञान) के अभाव में स्थायी नहीं हो सकती। इसीलिए राम से प्रीति करने के पहले उन्होंने 'राम-तत्त्व' को समझा था। इसीलिए उनकी कृतियों में उनके दार्शनिक सिद्धान्त भी बिखरे हुए मिलते हैं और उनके अध्ययन के आधार पर इन दार्शनिक मान्यताओं को स्पष्ट किया जा सकता है।

तुलसीदास जी के सिद्धान्तों पर विचार करने वाले विद्वानों में मतैक्य नहीं है। कुछ विद्वान उन्हें शांकरमतानुयायी अद्वैतवादी मानते हैं और कुछ उन्हें रामानुजाचार्यानुयायी विशिष्टाद्वैतवादी समझते हैं। तीसरा मत कुछ इस प्रकार व्यक्त किया गया है—'परमार्थ दृष्टि से—शुद्ध ज्ञान की दृष्टि से—तो अद्वैत मत गोस्वामी जी को मान्य है, परन्तु भक्ति के व्यावहारिक सिद्धान्त के अनुसार भेद करके चलना वे अच्छा समझते हैं।'[3] इन विवादों में न पड़कर यदि तुलसीदास जी के कथनों को तत्कालीन ऐतिहासिक और सामाजिक पृष्ठभूमि में रखकर देखा जाय तो उनके सिद्धान्तों को

---

1. वाक्यज्ञान अत्यन्त निपुन भव पार न पावै कोई।

—विनयपत्रिका, पद-123, ग्रन्थ, पृ. 519

2. सेवक-सेव्य भाव बिनु भव न तरिय उरगारि।

—मानस

3. तुलसी ग्रन्थावली, तीसरा भाग, प्रस्तावना, पृ. 145, देखिये, आंचार्य शुक्ल का निबन्ध।

समझने में सरलता होगी। आठवीं शती में ही आचार्य शंकर अद्वैत-तत्त्व का निरूपण कर चुके थे। उनके अनुसार, 'एक शुद्ध-बुद्ध नित्य मुक्त परब्रह्म के सिवा दूसरी कोई भी स्वतन्त्र और सत्य वस्तु नहीं है, दृष्टिगोचर भिन्नता मानवीय दृष्टि का भ्रम या माया की उपाधि से होने वाला आभास है। शंकराचार्य ने यह व्याख्या मूलतः बौद्ध दर्शन के 'शून्यवाद' को आत्मसात् करने के लिए की थी। शून्यवादियों के अनुसार, 'शून्य' ही परमार्थिक सत्य है। सत्ता दो ही प्रकार की हो सकती है : भावात्मक (जो सतत रूप में विद्यमान रहती है) और अभावात्मक (जो विद्यमान नहीं रहती) परमार्थिक सत्य न तो भावात्मक है और न अभावात्मक। इसीलिए वह 'शून्य' है। जगत् की सत्ता तो अज्ञान के कारण है। यह सांवृतिक (मायाजन्य) सत्ता है।[1] आचार्य शंकर ने 'ब्रह्मवाद' की प्रतिष्ठा इसी आधार पर की है। उन्होंने जगत् को सांवृतिक सत्य ही माना। संवृत्ति के स्थान पर उन्होंने 'माया' शब्द का प्रयोग किया। 'शून्य' के स्थान पर उन्होंने 'ब्रह्म' की प्रतिष्ठा की। 'शून्य' में नास्तिकता की गन्ध है। 'ब्रह्म' भावात्मक सत्ता है। वास्तव में वह शून्य की ही आस्तिक दर्शन के अनुकूल की गयी व्याख्या है। इस प्रकार आचार्य शंकर ने बड़े कौशल से नास्तिक दर्शन के स्थान पर वेदांतमूलक आस्तिक दर्शन की प्रतिष्ठा की। किन्तु यह व्याख्या बुद्धि-वैभव का परिणाम है। यह सत्य को शुद्ध ज्ञान के आधार पर निरूपित करने की चेष्टा का फल है। यह लोक-दृष्टि से जीवन और जगत् के रहस्य को सुलझाने की चेष्टा का परिणाम नहीं है। बौद्धों ने जगत् को दुःखमय मानने के कारण उसके अस्तित्व को ही सांवृतिक सिद्ध कर दिया था। बौद्धमत मूलतः निवृत्तिमूलक है। अतः उनके लिए यह व्याख्या ठीक ही थी। शंकरमत क्रमशः निवृत्ति की ओर ले जाता है। पूर्ण ज्ञान की अवस्था में ही आचार्य शंकर जगत् की सत्ता का बाध मानते हैं। आचार्य शंकर के बाद दसवीं शती में तमिल प्रान्त में भक्ति-भावना का अभ्युदय हुआ। भक्ति-मार्ग लोक-कल्याण करने वाला और जन-साधारण को शान्ति प्रदान करने वाला मार्ग है। यह जनता का धर्म है। इसमें उपासक-उपास्य, भक्त-भगवान या आश्रय-आलम्बन—दोनों को स्वीकार करके चलना पड़ता है। यह प्रवृत्तिमूलक धर्म है। जगत् की समस्याओं को झेलते हुए जीव मात्र को परमशान्ति कैसे प्राप्त हो? इसका उत्तर एक मात्र भक्ति-मार्ग ही देता है। भारत-भूमि में वेद-विरोधी मत नहीं पनप सकते। इसीलिए समय-समय पर आचार्यों को अनेक धर्मों की वेद-मूलकता सिद्ध करनी पड़ी है। भक्ति-मार्ग को भी वैष्णव आचार्यों ने वेद-मूलक सिद्ध किया। इस प्रयत्न में आचार्य शंकर के 'केवलाद्वैत' से उन्हें थोड़ा-बहुत अपने को अलग करना पड़ा। इसीलिए आचार्य शंकर के परवर्ती भक्तों और आचार्यों ने उनसे भिन्न मतों की स्थापना की। तुलसीदास जी का सारा प्रयत्न जीवन की समस्याओं का सरलतम समाधान प्राप्त करना था। इसके लिए भक्ति ही श्रेष्ठ साधन है। भक्ति-मार्ग सेवक-सेव्य के

1. भारतीय दर्शन, पृ. 220

व्यावहारिक अन्तर को स्वीकार करके ही चलेगा। तुलसीदास जी भी तत्त्वतः द्वैत-बुद्धि या द्वैत-भावना को स्वीकार नहीं करते। उन्होंने अनेक स्थान पर राम-भक्ति की विमल जल में चित्त को प्रक्षालित करके 'द्वैत-जनित-संसृति-दुःख' को दूर करने की बात कही है।[1] 'द्वैत-रूप तमकूप' से उद्धार करने के लिए भगवान से प्रार्थना की है।[2] साधु-सेवा को 'द्वैत-भय' दूर करने का साधन कहा है।[3] 'द्वैत-भावना' को घोर अज्ञान का परिणाम बताया है।[4] यही नहीं, वे जड़-चेतन के भेद को भी मृषा मानते हैं।[5] किन्तु अद्वैत की स्थिति तक मन के समस्त विकारों को त्याग करके ही पहुँचा जा सकता है। मानसिक विकारों का शमन एकमात्र भक्ति के आधार पर ही सम्भव है। जोग, जप, ज्ञान, विज्ञान, सबसे श्रेष्ठ, सरल और सबसे सुगम मार्ग भक्ति का ही है।[6] सेवक और सेव्य या भक्त और भगवान के व्यावहारिक भेद को स्वीकार करके चलने वाला भक्ति मार्ग भी अन्ततः अद्वैतता की स्थिति तक पहुँचा देता है।

जीव

संसार के दुःखों से त्राण पाने के लिए 'जीव' को भक्ति मार्ग का अनुसरण करना होगा, क्योंकि 'जीव' जड़ है। वह माया के अधीन है।[7] जब से वह हरि से अलग हुआ है, तभी से उसने शरीर को ही अपना वास्तविक निवास मान लिया है।[8] तात्विक रूप में जीव ईश्वर का अंश है। वह चेतन, अमल, अविनाशी और सहजानन्द रूप है। किन्तु मायावश होने के कारण ही उसे सांसारिक दुःख सहन करने पड़ते हैं। यदि सबमें एक रस ज्ञान का उदय हो जाय तो ईश्वर और जीव में किसी प्रकार का भेद

---

1. विनयपत्रिका, पद संख्या 124
2. वही, 113
3. वही, 136
4. क्रोधिकि द्वैत-बुद्धि बिनु, द्वैत कि बिनु अग्यान।

   —मानस, उत्तरकाण्ड।
5. जड़ चेतनहिं ग्रन्थि पड़ि गई, यदपि मृषा छूटत कठिनाई।

   —मानस, उत्तरकाण्ड।
6. जोग जप ज्ञान विज्ञान तें अधिक अति,
   अमल दृढ़ भगति दै परम सुख भरहुगे।

   —विनयपत्रिका, पद 211
7. हौं जड़ जीव, ईस रघुराया। तुम मायापति, हौं बस माया।

   —विनयपत्रिका, पद संख्या, 177
8. जिय जब तेहरि तें बिलगान्यो, तब तें देह गेह निज जान्यो।

   —विनयपत्रिका, पद संख्या 136

न रह जाय।[1] यह भेद तो माया-जनित है। माया से भ्रमित जीव न माया को जानता है न अपने को और न ईश्वर को ही।[2] हर्ष-विषाद, ज्ञान-अज्ञान आदि द्वन्द्वात्मक अनुभूतियाँ तथा अहंकार-अभिमान, ये सब जीव के धर्म हैं।[3]

माया

'मैं-मेरा तू तेरा' यह भावना ही माया है।[4] अर्थात् 'अहंबुद्धि', 'ममबुद्धि' और 'भेद बुद्धि' ये सब माया के ही परिणाम हैं। इन्द्रियों और मन के समस्त विषय माया के विस्तार के अन्तर्गत ही हैं।[5] यह माया दो प्रकार की है। एक विद्या, दूसरी अविद्या। अविद्या माया अति दुष्टा और दुःखरूपा है। इसी के वश में आकर जीव संसार रूपी कूप में पड़ा रहता है। दूसरी (अर्थात् 'विद्या') संसार की रचना करती है। वह त्रिगुणात्मिका (सत, रज, तम) है। इसके पास अपनी शक्ति नहीं है। यह प्रभु की प्रेरणा से ही संसार-रचना में समर्थ है।[6] माया स्वयं जड़ है। यह तो राम की (ब्रह्म) सत्यता से ही सत्य प्रतीत होती है।[7] यह राम की दासी है। विचार करने पर यह भी मिथ्या है।[8] यह माया ही ब्रह्म की मूल-प्रकृति या आदि-शक्ति है। इससे ही जगत का उद्भव, स्थिति और संहार होता है। सीता के रूप में इसी माया या मूल प्रकृति का अवतार हुआ है।[9]

---

1. ईस्वर अंस जीव अबिनासी। चेतन अमल सहज सुखरासी।

   —मानस

   जौं सबके रह ग्यान एक रस। ईश्वर जीवहिं भेद कहहु कस।

   —मानस, उत्तरकाण्ड।

2. माया ईस न आपु कहँ, जान कहिअ सो जीव।

   —मानस, अरण्यकाण्ड।

3. हरष विषाद ग्यान अग्याना। जीव धरम अहमिति अभिमाना।

   —मानस बालकाण्ड, 115-4

4. मैं अरु मोर तोर तैं माया।

   —मानस, अरण्यकाण्ड।

5. गो गोचर जहँ लगि मन जाई। सो सब माया जानेहु भाई।
6. तेहिकर भेद सुनहु तुम्ह सोऊ। विद्या अपर अविद्या दोऊ।
   एक दुष्ट अतिसय दुःख रूपा। जा बस जीव पड़ा भव कूपा।
   एक रचै जग गुन बस जाके। प्रभु प्रेरित नहीं निज बल ताके।

   —मानस, बालकाण्ड।

7. जासु सत्यता ते जड़ माया। भास सत्य इव मोह सहाया।

   —मानस, बालकाण्ड।

8. सो दासी रघुवीर कै, समुझै मिथ्या सोऽपि।

   —मानस, उत्तरकाण्ड।

9. उद्भव-स्थिति-संहार-कारिणीं सीतां नतोऽहं राम बल्लभाम।

   —मानस, बालकाण्ड।

ब्रह्म

ब्रह्म अनाम, अरूप, अखण्ड, मन और इन्द्रियों से परे, अमल, निर्विकार, सीमा-रहित और सुखराशि है।[1] राम ब्रह्मरूप हैं। वे सच्चिदानन्द हैं, अजन्मा हैं, अखण्ड, अनन्त, निराकार, निर्गुण, नित्य निरंजन हैं। उन्होंने भक्तों के लिए ही भूप-रूप धारण किया है।[2] ब्रह्म के सगुण और निर्गुण रूप में कोई भेद नहीं है। निर्गुण ब्रह्म ही भक्तों के प्रेम के कारण सगुण साकार हो जाता है। यदि कोई यह सन्देह करे कि जो गुणातीत है, वह सगुण किस प्रकार हो सकता है? तो तुलसीदास जी का उत्तर है कि जिस प्रकार जल, हिम, उपल अलग-अलग पदार्थ होते हुए भी तत्त्वतः एक ही हैं, उसी प्रकार निर्गुण और सगुण भिन्न प्रतीत होते हुए भी तत्त्वतः एक हैं। राम, निर्गुण-सगुण दोनों हैं। वे भूप शिरोमणि भी हैं।[3] वे विष्णु के अवतार हैं। वे सुतीक्ष्ण मुनि को चतुर्भुज रूप में दर्शन देते हैं। अत्रि उन्हें 'इन्दिरापति' कहते हैं। स्वयं शिव उन्हें अवधेश राम के साथ ही रमा-रमन और रमेश भी कहते हैं।[4] शिव, ब्रह्मा, विष्णु, राम के ही अंश से उत्पन्न होते हैं।[5] वे इन तीनों को अपने संकेत पर नचाते हैं। राम की ही शक्ति से ब्रह्मा सृजन करते हैं, विष्णु पोषण करते हैं और शंकर संहार करते हैं।[6] राम चेतन को जड़ और जड़ को चेतन करने में समर्थ हैं।[7] यह विश्व राम का ही विराट रूप है।[8]

1. अकल अनीह अनाम अरूपा। अनुभवगम्य अखण्ड अनूपा।
   मन गोतीत अमल अबिनासी। निरबिकार निरवधि सुख रासी।
2. सोइ सच्चिदानन्द घन रामा। अज विग्यान रूप बल धामा।
   व्यापक-व्याप्य अखण्ड अनन्ता। अखिल अमोघ शक्ति भगवन्ता।
   अगुन अदभ्र गिरा गोतीता। समदरसी अनवद्य अतीता।
   निर्मल निराकार निरमोहा। नित्य निरंजन सुख-संदोहा।
   भगत हेतु भगवन्त प्रभु, रामधरेउ तनु भूप।
   —मानस, उत्तरकाण्ड।
3. सगुनहि अगुनहि नहिं कछु भेदा। गाँवहि मुनि पुरान बुध वेदा।
   अगुन अरूप अलख अज जोई। भगत प्रेम बस सगुन सो होई।
   जो गुन रहित सगुन सोइ कैसे। जल हिम उपज बिलग नहीं जैसे।
   —मानस, बालकाण्ड।
4. जय सगुन निर्गुन रूप रूप-अनूप भूप सिरोमने।
   —मानस, उत्तरकाण्ड।
5. जय राम रमा-रमनं समनं,
   अवधेश सुरेश रमेश विभो।
   —मानस, उत्तरकाण्ड।
6. संभु विरंचि विष्नु भगवाना। उपजहिं जासु अंस ते नाना।
   —मानस, बालकाण्ड।
7. जो चेतन कहँ जड़ करइ जड़हिं करइ चैतन्य।
   —मानस, उत्तरकाण्ड।
8. देखिये—मन्दोदरी का रावण से कथन।
   —मानस, लंकाकाण्ड।

जगत्

जगत् माया-जनित है। तत्त्वतः यह असत्य है। चेतन ब्रह्म की सत्ता से ही सत्य-सा प्रतीत होता है। ठीक वैसे ही जैसे रज्जु में सर्प का भ्रम होने पर तत्त्वतः सर्प की सत्ता नहीं होती। रज्जु की सत्ता से ही सर्प की सत्ता सत्य सी प्रतीत होती है।[1] यह सारा विधि प्रपंच झूठा है। श्रुतियाँ यही कहती हैं, किन्तु बार-बार देखने, सुनने, कहने और समझाने पर भी संशय-सन्देह नहीं मिटता है।[2] यदि संसार मृग-तृष्णा के समान असत्य है तो संसारियों को विविध तापों की अनुभूति क्यों होती है? ऐसी शंका होने पर भी मृगवारि को सत्य (तत्त्वतः) तो नहीं कह सकते? इसलिए सच्ची बात तो यह है कि सारा संसृति-दुख भ्रम के कारण है।[3]

इस प्रकार तात्विक दृष्टि से तुलसीदास जी के विचार भी 'अद्वैत' का ही समर्थन करते हैं। वस्तुतः सभी विचारकों की दृष्टि में मूल सत्ता तो एक ही है। भौतिकवादी 'पदार्थ' अर्थात् 'जड़' सत्ता को ही मूल रूप में स्वीकार करता है और 'चेतना' को द्वन्द्वात्मक प्रक्रिया के आधार पर जड़ता (पदार्थ) से ही उद्भूत मानता है। अध्यात्मवादी 'चेतना' को ही मूल और आदि सत्ता स्वीकार करता है और पदार्थ (जड़ सत्ता) को उसका परिणाम, बिवर्त या प्रतिबिम्ब मानता है। तुलसी अध्यात्मवादी हैं। अतः उन्हें भी एक ही चेतन तत्त्व मान्य है। किन्तु यह निष्कर्ष शुद्ध ज्ञान-दृष्टि का परिणाम है। व्यवहार-दृष्टि इससे भिन्न है। सत्ता की प्रतीति स्वरूप के आधार पर ही होती है। आत्मा, देह के माध्यम से ही प्रकट होती है। इसीलिए सत्ता को स्वरूप से, ब्रह्म को ब्रह्माण्ड (विश्व) से, पुरुष को प्रकृति, शक्तिमान को शक्ति से अलग करके नहीं देखा जा सकता। शुद्ध चेतन तत्त्व अव्यक्त है। जो व्यक्त, साकार और सीमित है, वह जड़ सत्ता है। चेतना और जड़ की एक संग्रथित सत्ता भी है, वह जीव है। व्यवहार दृष्टि इन तीनों को स्वीकार करके चलेगी। शुद्ध ज्ञान बल से अद्वैत तत्त्व को समझ लेने और अपने को उससे अभिन्न मान लेने से ही जीव के सांसारिक दुःखों का शमन नहीं हो सकता। उसके जड़ अंश—देह, प्राण, इन्द्रियाँ, मन—उसे संसार में ही प्रवृत्त करेंगे। अतः वास्तविक शान्ति उसी मार्ग से प्राप्त हो सकती है जो सांसारिक सम्बन्धों को ईश्वरोन्मुख करके रागात्मक आधार पर जीव को ब्रह्म से अभिन्न कर दे। भक्ति-साधना ऐसा ही मार्ग है। ज्ञाता और ज्ञेय ही एक नहीं होते,

---

1. यत्सत्वाद्मृषेव भाति सकल रज्जौ यथाऽहेर्भ्रमः

—मानस, बालकाण्ड।

2. तुलसीदास सब विधिप्रपंच जग जदपि झूठ सुति गावै।
देखत सुनत कहत समुझत संसय संदेह न जाई।

—विनयपत्रिका, पद-121

3. जौ मृग मृषा, ताप-त्रय अनुभव होहिं कहहु केहि लेखे।
कहि न जाइ मृगवारि सत्य, भ्रम तें दुख होइ बिसेखे।।

—विनयपत्रिका, पद-121

आश्रय और आलम्बन भी एक होता है। 'भक्ति, भक्त, भगवन्त गुरु' सभी को भावना के आधार पर एक कर देना ही भक्ति-मार्ग का चरम प्रतिपाद्य है। जीवन में चेतन तत्त्व होने के कारण उसे परम चेतन तत्त्व (ब्रह्म) से अभिन्न कह देने और जगत् में जड़ तत्त्व होने के कारण ही उसे भ्रमात्मक सिद्ध कर देने से व्यावहारिक कठिनाइयाँ नहीं मिटतीं। इसीलिए तुलसी दूसरी ही व्यवस्था देते हैं। ये श्रवणों से हरिकथा सुनने, मुख से उनका नाम लेने, हृदय में उनका ध्यान करने, सिर से उन्हें प्रणाम करने, नेत्रों से देखने और शरीर से सेवा करने की बात कहते हैं।[1] राम को परम तत्त्व ब्रह्म, विष्णु, रूप चतुर्भुज और दशरथ-पुत्र कोशलाधीश मानने का भी ठोस सामाजिक कारण है। तुलसी ने अपने समय के समाज को प्रमुखतः राजा और प्रजा, सेव्य और सेवक में द्विधा विभक्त देखा। राजा-रहित समाज की कल्पना वे नहीं कर सकते थे। प्रजा की शान्ति राजा की कृपा और आदर्श चरित्र (शील) पर ही निर्भर है। उसकी कृपा प्राप्ति के लिए प्रेम और सेवा का मार्ग ही श्रेयस्कर है। इस जीवन सत्य को उन्होंने आध्यात्मिक आधार पर व्यक्त किया। आदर्श चरित्र राजा को उन्होंने प्रजा-वत्सल (भक्त-वत्सल) भगवान (सेव्य) के रूप में चित्रित किया और प्रताड़ित-पीड़ित प्रजा को उन्होंने भक्त (सेवक) की भूमिका में उपस्थित किया। प्रजा-वत्सल दशरथसुत कोशलेश राम जगत्-पोषक-रक्षक भगवान विष्णु के रूप में मान्य हुए। जगत् की स्थिति और पोषण के लिए आंशिक या सीमित शक्ति पर्याप्त नहीं है। इसलिए राम के रूप में ही उन्होंने जगत् के आदि कारण परम चेतन ब्रह्म को भी देखा। इस प्रकार परब्रह्म, विष्णु और दशरथसुत राम में उन्होंने अभेद स्थापित किया। अतः तुलसी के दार्शनिक विचार तत्युगीन सामाजिक परिस्थितियों की उपज हैं। सत्य तो यह है कि प्रत्येक युग की दार्शनिक विचार-पद्धति उस युग की ऐतिहासिक आवश्यकता और सामाजिक आकांक्षा पर ही आधृत होती है। दर्शन और अध्यात्म को जीवन से अलग करके नहीं देखा जा सकता। सामाजिक परिस्थितियों में होने वाले परिवर्तनों के अनुसार युग-मन में परिवर्तन हो जाता है। इसलिए पूर्व युग-सत्य की नई व्याख्या अनिवार्य हो जाती है। शंकर के अद्वैतवाद और तुलसी के अद्वैतवाद के बीच में साढ़े सात सौ (750) वर्षों की अवधि में परिवर्तित होने वाली ऐतिहासिक परिस्थितियाँ हैं। इस सत्य को ध्यान में रखकर ही तुलसी के सिद्धान्तों के सम्बन्ध में हमें अन्तिम निर्णय देना चाहिए।

---

1. स्रवन कथा, मुख नाम हृदय हरि, सिर प्रनाम सेवा कर अनुसरु।
नयनन निरखि कृपा-समूह हरि, अग-जग-रूप भूप सीता बरु।
इहै भगति बैराग्य ज्ञान यह हरि तोषन यह सुभ ब्रत आचरु।
तुलसीदास सिव मत मारग यहि चजत सदा सपनेहुँ नाहिन डरु।
—विनयपत्रिका, पद-205

तुलसी की भक्ति-पद्धति

तुलसी की भक्ति व्यक्ति और समाज—दोनों का कल्याण करने वाली है। व्यक्तित्व का परिष्कार अहंकार के शमन से होता है। इसीलिए सारी 'विनय पत्रिका' में तुलसी ने अहंकार के शमन पर बल दिया है। वे अपने को दीन, सर्वांगक्षीण, अघी, मलीन, गरीब, अनाथ, आर्त्त, गुन-विहीन, छली, हीन, अपराध-सिन्धु, पराधीन, दोष-कोष, आलसी आदि दैन्यबोधक विशेषणों से युक्त करके ऐसे व्यक्ति की भूमिका में उपस्थित करते हैं जिसे प्रभु की महत्ता और अपनी तुच्छता की अनुभूति हो चुकी है। अपनी हीनता का अनुमान उच्चतम आदर्श को सामने रखकर अपने को देखने से ही भली प्रकार हो सकता है। सम्पूर्ण विनयपत्रिका में इसी विषय का प्रतिपादन किया गया है। राम पतित-पावन हैं। सरल हैं, शीलनिधान हैं, कृपा-निधि हैं, कारुणिक हैं, गरीबनिवाज हैं, प्रनतपाल हैं, सर्वज्ञ और सुजान-शिरोमणि हैं। अपने समस्त दोषों को स्वीकार करके ऐसे राम पर अनन्य भाव से विश्वास करके ही भक्त मानसिक शान्ति प्राप्त कर सकता है।[1] शास्त्रीय शब्दावली में इसी भावना को 'न्यास', 'प्रपत्ति' और शरणागति भी कहते हैं। शरणागति के अन्तर्गत छह प्रकार की भावनाएँ आती हैं।[2]

1. 'आनुकूलस्य संकल्पः', 2. 'प्रतिकूलस्य वर्जनम्', 3. 'रक्षिष्यति हत विश्वासः', 4. 'गोप्तृत्ववरणम्', 5. 'आत्मनिक्षेप' और 6. 'कार्पण्य'। विनयपत्रिका में इन सभी भावनाओं का समावेश हुआ है। तुलसी ने स्थल-स्थल पर भगवान के अनुकूल रहने का संकल्प किया है।[3] उन विषयों को त्यागने के लिए मन को दृढ़

1. तुलसीदास प्रभु कृपा करहु अब मैं निज दोष कछू नहिं गोयो।
—विनयपत्रिका, पद-245

2. अहमस्मि अपराधनामालयोऽकिन्चनोऽगतिः।
त्वमेवोपायभूतो मे भवेति प्रार्थनामतिः।
शरणागतिरित्युक्ता सादेवेऽस्मिन् प्रयुज्यताम्।
—भारतीय दर्शन, पृ. 770 पर उद्धृत।

3. हौं सब विधि राम राउरो चाहत भयो चेरों।
—विनयपत्रिका, पद-146

किया है जो राम-भक्ति के प्रतिकूल पड़ते हैं।[1] राम निश्चय ही भक्त की रक्षा करेंगे, यह विश्वास प्रकट किया है।[2] भगवान राम को ही अपना रक्षक माना है।[3] अपने को निश्छल भाव से राम के प्रति अर्पित किया है[4] और अनेक प्रकार से अपनी कृपणता (दीनता) का प्रकाशन किया है।[5] इनके अतिरिक्त विनय के अन्तर्गत 'दीनता', 'मानमर्षण', 'भयदर्शन', 'भर्त्सना', 'आश्वासन', 'मनोराज्य' और 'विचारण' की जो सात स्थितियाँ मानी गयी हैं, तुलसी के विनयगीतों में उन्हें भी सरलता से प्राप्त किया जा सकता है। 'दीनता' सम्बन्धी पद तो अनेक हैं। 'माधव जू मो सम मंद न कोऊ' (पद संख्या, 92) 'है प्रभु मेरोई सब दोसु' (पद संख्या, 159), 'तुम सम दीनबंधु न दीन कोउ मो सम सुनहु नृपहि नघुराई'' (पद संख्या, 242), आदि गीतों में दैन्य की ही अभिव्यक्ति हुई है। 'मानमर्षण' के पद भी कम नहीं हैं। अभिमान का शमन करके इष्ट देव की शरण में जाना ही दैन्य भाव की भक्ति का मूल आधार है। 'पाहि-पाहि! राम पाहि! राम भद्र रामचन्द्र सृजस स्रवन सुनि आयो हौं सरन' (पद संख्या, 248) जैसी पंक्तियों में यही भावना व्यक्त हुई है। 'जीव' को भय दिखाकर भगवान की ओर उन्मुख करने की भावना ही भय-दर्शन है। 'राम राम राम जीव जौलों तू न जपिहै। तो लौ तू कहूँ जाय तिहूँ ताप तपिहै।' (पद सं., 68) या 'राम जपु, राम जपु, राम जपु बावरे। घोर भव नीरनिधि नाम निजु नाव रे।' (पद सं., 66), जैसे पदों में 'जीव' को सांसारिक दुःखों से भय दिखाकर राम की ओर प्रवृत्त करने की चेष्टा की गयी है। चंचल मन बार-बार सांसारिक विषयों में रम जाता है। भक्त साधक को इसके लिए फटकारना पड़ता है। उसकी 'भर्त्सना' करनी पड़ती है। 'सुत बनितादि जानि स्वास्थ रत न करु नेह सबहीं ते। अंतहुँ तोहिं तजेंगे पामर! तू न तजै अबही तें' (पद संख्या, 118) या 'तौं पछितैहे मन मींजि हाथ' (पद सं., 84) जैसे पदों में तुलसीदास जी ने अनेक प्रकार से मन की भर्त्सना की है। भक्त को प्रभु के गुणों पर पूर्ण विश्वास रहता है और इसी के बल पर वह अपने मन को आश्वासन देता है, 'ऐसी कौन प्रभु की रीति' (पद सं., 214), 'श्री रघुबीर की यह

---

1. कुपथ, कुचाल, कुमति, कुमनोरथ, कुटिल कपट कब त्यागि है।

   —विनयपत्रिका, 225

2. विस्वास एक राम नाम को।

   —वही, पद सं. 115

3. तुलसी सुखी निसोच राज ज्यों बालक माय बबा के।

   —वही, पद सं. 225

4. अब तजि रोष करहु करुना हरि तुलसिदास सरनागत आयो।

   —वही, पद सं. 243

5. माधव! मो समान जगमाही।
   सब विधि हीन, मलीन, दीन अति लीन विषय कोउ नाहीं।

   —वही, पद सं. 114

बानि' (पद सं., 215) या 'हरिसम आपदाहरन। नहिं कोऊ सहज कृपालु दुसह-दुखसागर-तरन' (पद सं., 213) जैसे गीतों को 'आश्वासन' की भावना का सुन्दर उदाहरण माना जा सकता है। कभी-कभी भक्त इसी विश्वास के बल पर अनेक प्रकार की अभिलाषाएँ करता हुआ 'मनोराज्य' की भूमिका में प्रवेश कर जाता है। तुलसी की तो एक ही अभिलाषा थी कि—'ज्यों सुभाय प्रिय लगति नागरी नागर नवीन को। त्यों मेरे मन लालसा करिए करुनाकर पावन प्रेम पीन को' (पद सं., 269)। कभी-कभी संसार की जटिलता और विचित्रता देखकर भक्त 'विचारण' की मनःस्थिति में हो जाता है, 'केसव कहि न जाइ का कहिये? देखत तब रचना विचित्र अति समुझि मनहिं मन रहिये।' (पद-111) तुलसी की यह छन्द 'विचारण' की स्थिति का सुन्दर उदाहरण है। उपर्युक्त शास्त्र-विहित भावनाओं के अतिरिक्त तुलसी ने दैन्य के अन्तर्गत अन्य अनेक प्रकार के मानसिक उद्‌गार प्रकट किये हैं जो उनके हृदय की शुद्धता प्रमाणित करते हैं। अहम्मन्यता को त्याग कर विश्वासपूर्वक जब हम भगवान में दृढ़ अनुराग करते हैं तो वे द्रवीभूत होते हैं।[1] भगवान को द्रवीभूत कर देने वाला साधन भक्ति है।[2] इसीलिए तुलसी ने विनयपत्रिका में बार-बार राम से द्रवीभूत होने के लिए प्रार्थना की है। कभी वे कहते हैं—'जो न द्रवहु, रघुबीर धीर! काहे न दुख लागे।'[3] कभी कहते हैं—'माधव, अब न द्रवहु केहि लेखे।'[4] कभी सोचते हैं कि सन्तों की संगति के बिना भक्ति सम्भव नहीं है और वह तभी मिल सकती है जब भगवान द्रवीभूत हों—'ते तब मिलैं द्रवै जब सोई।।'[5] कभी भगवान राम की उदारता का स्मरण होने पर विश्वासपूर्वक कहते हैं—'बिन सेवा जो द्रवै दीन पर राम सरिस कोउ नाहीं।'[6] यह विश्वास ही उन्हें अनन्य भाव से राम के चरणों में प्रीति करने के लिए प्रेरित करता है। तुलसी की भक्ति की यह विशिष्ट पद्धति वैयक्तिक साधना के रूप में ग्रहण की जा सकती है। इसका ध्येय व्यक्ति का मानसिक उन्नयन करके उसे राग-द्वेषों की संकीर्णता से ऊपर उठाना है।

सामाजिक कल्याण या लोक-हित के लिए उन्होंने जिस भक्ति का उल्लेख किया है, वह एक प्रकार का पूर्ण जीवन-दर्शन है। वे कहते हैं—'श्रुति सम्मत हरि भक्ति-पथ संयुत विरति विवेक', इस कथन में केवल भक्ति की बात न कहकर 'भक्ति-पथ' की बात कही गयी है। इस पथ में भक्ति (अनुरक्ति) के अतिरिक्त

---

1. बिनु विस्वास भगति नहीं, तेहिं बिनु द्रवहिं न राम।
   राम कृपा बिनु सपनेहु, जीव न लह विश्राम।
2. जाते बेगि द्रवऊ मैं भाई। सो मम भगति भगत सुखदाई।
3. विनयपत्रिका, पद सं. 110
4. विनयपत्रिका, पद सं. 113
5. वही, पद सं. 136
6. वही, पद सं. 162

विरति (अनासक्ति) और विवेक (ज्ञान) का समन्वय हो गया है। इसकी व्याख्या करते हुए डॉक्टर बलदेवप्रसाद मिश्र ने लिखा है—"जो सच्चे तत्त्वदर्शी आचार्य हैं, उन्होंने साम्प्रदायिकता का दुराग्रह छोड़कर ज्ञान, कर्म और भक्ति के समन्वय को ही विकास का सम्यक् मार्ग बताया है।"[1] समन्वित न होने पर 'कर्म, ज्ञान और भक्ति'—तीनों लक्ष्य-भ्रष्ट हो सकते हैं। आचार्य शुक्ल ने इस ओर संकेत करते हुए कहा है कि—'कर्म' अर्थ-शून्य विधि-विधानों से निकम्मा हो सकता है, 'ज्ञान' रहस्य और गुह्य की भावना से पाखण्डपूर्ण हो सकता है और 'भक्ति' इन्द्रियोपभोग की वासना से कलुषित हो सकती है।[2] तुलसी की भक्ति-पद्धति में इसीलिए उपर्युक्त तीनों साधनाओं का समन्वय हुआ है। यह भक्ति सभी सुखों की खानि मणि-रूपा है जिसके शाश्वत प्रकाश में जीवन का पथ आलोकित हो सकता है। जब व्यक्ति सुमति की कुदारी लेकर ज्ञान और वैराग्य के नेत्रों से देखता हुआ भावपूर्वक (प्रेम और श्रद्धा के साथ) वेद-पुराण रूपी पर्वतों में स्थित राम-कथा रूपी खान को खोदने का प्रयत्न करता है, तभी यह भक्ति-मणि प्राप्त हो सकती है।[3] इस रूपक के द्वारा भी तुलसी ने भक्ति के ज्ञान और कर्म (अनासक्ति, वैराग्य) समन्वित स्वरूप की ओर ही संकेत किया है। भक्ति का यह पथ किस प्रकार पूर्ण जीवन-दर्शन हो सकता है? इसे कवि ने 'मानस' में राम के जीवन-विकास के साथ दिखाने की चेष्टा की है। राम के व्यक्तित्व में भक्ति, ज्ञान और कर्म—तीनों का समन्वित उत्कर्ष हुआ है। वे शिव के भक्त हैं। लंका में प्रवेश करने के पहले वे श्रद्धापूर्वक शिवलिंग की स्थापना करते हैं। वे तत्त्वज्ञानी हैं इसलिए अयोध्या का राज्य सहज भाव से त्याग देते हैं। इसी जीवन-दृष्टि के बल पर वे रावण जैसे शत्रु का संहार करके श्रद्धाविहीन समाज का अन्त करते हैं और अन्ततः विषमताहीन राम-राज्य की स्थापना करते हैं। 'मानस' के अन्य पात्र (जो राम के सच्चे भक्त हैं) भी भक्ति और कर्त्तव्यनिष्ठा के साथ-साथ तत्त्वज्ञान को समझने वाले हैं। हनुमान जानते हैं कि वे उस राम के दूत हैं, 'जाके बल बिरंचि हरि ईसा। पालत सृजत हरत दस सीसा।'[4] जामवन्त बन्दरों को समझाते हुए कहते हैं—'तात राम कहुँ नर जनि जानहु। निर्गुन ब्रह्म अजित अज मानहुँ।'[5] लक्ष्मण जी निषादराज को उपदेश देते हैं—'राम ब्रह्म परमारथ रूपा। अविगत अलख अनादि अनूपा।'[6] जनक जी राम को भलीभाँति पहचानते हैं—'व्यापक ब्रह्म अलख

1. तुलसी दर्शन, पृ. 243
2. हिन्दी साहित्य का इतिहास, आचार्य शुक्ल, पृ. 65, सं. 2005, वि. संस्करण
3. मरमी सज्जन सुमति कुदारी। ग्यान बिराग नयन उरगारी।
   भाव सहित खोदइ जो प्रानी। पाव भगति मनि सब सुख खानी।।
   —मानस, उत्तरकाण्ड।
4. मानस, सुन्दरकाण्ड।
5. मानस, किष्किन्धाकाण्ड।
6. मानस, अयोध्याकाण्ड।

अबिनासी। चिदानन्द निरगुन गुन रासी।"[1] इसीलिए इन पात्रों को जीवन की भीषणतम प्रतिकूल परिस्थितियों में भी कभी व्यामोह नहीं होता और वे सदैव दृढ़तापूर्ण जीवन-पथ में अग्रसर होते हैं।

'विरति-विवेक-संयुक्त भक्ति' के साधन रूप में तुलसीदास जी ने जप, तप, नियम, योग, मख, सम, दम, व्रत, दान, तीर्थाटन, विद्या, विनय, विज्ञान आदि सभी सत्कार्यों की गणना की है। स्वयं राम द्वारा लक्ष्मण के प्रति भक्ति के साधनों का उल्लेख कराते हुए उन्होंने विप्र के चरणों में प्रीति, सन्तों के प्रति प्रेमभाव, भगवद्लीला में रति, भगवद्-गुणगान, भगवद्-सेवा, भगवद्-भजन, अहंकार-त्याग, निष्कामता, गुरु-पिता-माता-बन्धु-पति आदि के सम्बन्धों को भगवान के प्रति ही केन्द्रित कर देना, मन, वचन और कर्म से भगवान की शरण में जाना आदि सभी सद्गुणों को भक्ति के साधनों में सम्मिलित कर लिया है। शबरी को उपदेश देते समय भी भगवान राम ने भक्ति के प्रकारों का उल्लेख करते हुए सत्संग, भगवत् कथा में रति, मान-रहित गुरु-भक्ति, कीर्तन, जप, संतवृत्ति, अनन्यवृत्ति, सन्तोषवृत्ति और भगवद्वलम्ब आदि नवधा भक्ति की चर्चा की है। यह नवधा भक्ति अध्यात्म रामायण के आधार पर ही वर्णित है। भागवत् महापुराण में 'श्रवण, कीर्तन, स्मरण, पादसेवन, अर्चन, वन्दन, दास्य, सख्य और आत्मनिवेदन' को नवधा भक्ति के रूप में स्वीकार किया गया है। तुलसीदास ने इनको भी 'स्रवनादिक नव भगति दृढ़ाही' कहकर अन्य साधनों के साथ ही उल्लिखित कर दिया है। तात्पर्य यह है कि भागवत् पुराण की 'नवधाभक्ति' और अध्यात्म रामायण की 'नवधाभक्ति' दोनों को तुलसी ने अपनी विशिष्ट भक्ति का साधन ही स्वीकार किया है। इसके अतिरिक्त अन्य देवी-देवताओं की भक्ति को भी वे राम-भक्ति की भूमिका ही मानते हैं। गणेश से प्रार्थना करते हुए कहते हैं–'माँगत तुलसीदास कर जोरे। बसहिं राम-सिय मानस मोरे।"[2] भगवान शंकर से भी उनकी यही विनय है–'देहु कामरिपु राम-चरन रति तुलसीदास कहँ कृपा निधान।'[3] पार्वती से भी वे यही याचना करते हैं–'रघुपति पद परम प्रेम तुलसी यह अचल नेम, देहि है प्रसन्न, पाहि, प्रणतपालिका'[4] इससे प्रकट है कि जीवन की सभी समस्याओं का समाधान तुलसी ने 'राम-भक्ति' में ही देखा है। मानव-समाज के समस्त नैतिक कार्यों का परिणाम और मानव-जीवन में पूज्य समस्त देवी-देवताओं की भक्ति का अन्तिम फल वे राम-भक्ति की प्राप्ति ही मानते हैं।

1. मानस, बालकाण्ड।
2. विनयपत्रिका, पद सं. 1
3. वही, पद सं. 3
4. वही, पद सं. 16

इस भक्ति का अधिकारी व्यक्ति-विशेष, जाति-विशेष वा वर्ग-विशेष नहीं है। पुरुष, स्त्री, नपुंसक, चर-अचर–सभी यदि निष्कपट भाव से राम-भजन में प्रवृत्त हों तो वे भगवान को परमप्रिय हो सकते हैं।[1] उन्हें तो केवल 'प्रेम' का नाता मान्य है। प्रेम करने वाला कोई भी क्यों न हो, उसे राम-कृपा सुलभ है। वे तो यहाँ तक कह देते हैं–'भगतिवंत अति नीचउ प्रानी। मोहि प्रान प्रिय अस मम बानी।''[2] इस क्षेत्र में नीच-ऊँच का प्रश्न ही नहीं उठता। संसार के समस्त जीव–चर, अचर, नर, सुर, असुर, सभी तो एक ही भगवान की सृष्टि हैं। भगवान की निगाहों में सभी समान हैं। वे तो सभी पर समान कृपा करते हैं।[3] उनके दरबार में तो दीनों को अधिक सम्मान मिलता है। पिता से अधिक वे गृद्धराज पर ममता दिखाते हैं। सखा सुग्रीव के दुःखों को देखकर प्राण-प्रिया सीता को भी विस्मृत कर देते हैं। रण में लक्ष्मण के घायल होने पर उन्हें विभीषण का ही सोच संतप्त करता है। शबरी के फलों के स्वाद के सामने ससुराल की पहुनाई भूल जाते हैं। वे केवट को मीत मानते हैं। वानरों को बन्धुवत सम्मान देते हैं। श्वान के कहने पर चती को भी नगर से निकाल देते हैं।[4] ऐसे राम की भक्ति का पथ तो राजमार्ग है जो सबके लिए प्रशस्त है।[5]

इस भक्ति का आलम्बन भगवान का सगुण रूप ही है। तुलसी ने यों तो सगुण-निर्गुण में अभेद मानकर राम के इन उभय-स्वरूपों की स्थिति स्वीकार की है और अनेक स्थलों पर राम की वन्दना करते हुए उन्हें 'जय सगुन-निर्गुण-रूप रूप-अनूप भूप सिरोमने' कहकर सम्बोधित किया है, किन्तु उनका मानसिक झुकाव सगुण साकार भगवान की ओर ही है। रावण विजय के उपरान्त राम की स्तुति करते हुए इन्द्र कहते हैं–

कोउ ब्रह्म निर्गुण ध्याव। अव्यक्त जेहि श्रुति गाव।
मोहिं भाव कोसल भूप। श्रीराम सगुन-सरूप।।

लोमश का निर्गुण मत का उपदेश काक भुशुण्डि को नहीं भाता। वे कहते हैं–'बिबिध भाँति मुनि मोहिं समुझावा। निर्गुन मत मम हृदय न आवा।' इसके

---

1. पुरुष नपुंसक नारि नर जीव-चराचर कोइ।
भगति भाव भज कपट तजि गोहि परम प्रिय सोइ।

–मानस, उत्तरकाण्ड।

2. मानस, उत्तरकाण्ड, दोहा-85, चौपाई-5
3. एहि विधि जीवन चराचर जेते। त्रिजग देव नर असुर समेते।
अखिल बिस्व यह मोर उपाया। सब पर मोहिं बराबर दाया।।

–मानस, उत्तरकाण्ड।

4. विनयपत्रिका, पद सं. 164, 165
5. गुरु कह्यो राम भजन नीको, मोहिं लगत राज डगरो सो।

–विनयपत्रिका, 173

अतिरिक्त जिस भक्ति को तुलसी ने मुक्ति से श्रेष्ठ माना है, वह सगुण-भक्ति ही है। वे कहते हैं—'सगुनोपासक मोच्छ न लेहीं। तिन्ह कहँ राम भगति निज देही।' स्वयं भगवान शंकर राम के 'पद-सरोज' में ही शाश्वत भक्ति का वरदान माँगते हैं। राम भी विभीषण से यही कहते हैं।

सगुन-उपासक परमहित निरत नीति दृढ़ नेम।
ते नर प्रान-समान मम जिन्हके द्विज पद प्रेम।।
—मानस-सुन्दरकाण्ड

वस्तुतः भक्तों के भगवान तो सुख-निधान, करुणा-भवन, भाव-ग्राहक हैं। वे निर्गुण निराकार कैसे हो सकते हैं? तुलसी की गोपियों ने तो स्पष्ट ही कह दिया था—

जेहि उर बसत स्याम सुन्दर घन तेहि निर्गुण कस आवै।
तुलसिदास सो भजन बहाओ जाहि दूसरो भावै।।

तुलसी की भक्ति उपास्यदेवों का पार्थक्य नहीं स्वीकार करती। राम, शंकर के भक्त हैं,[1] शिव-द्रोही उनकी भक्ति नहीं प्राप्त कर सकता,[2] शंकर, राम के भक्त हैं। उन्होंने भी राम के चरण-कमलों की सेवा करके ही सिद्धि प्राप्त की है।[3] सीता राम को पतिरूप में प्राप्त करने के लिए गौरी (शक्ति) की प्रार्थना करती हैं।[4] तुलसी के प्रभु राम ही नहीं हैं, ब्रजजन-हितकारी कृष्ण भी हैं।[5] विनयपत्रिका में वे 'गणेश', 'शंकर', 'पार्वती', 'गंगा', 'हनुमान', आदि सभी उपास्य देवों की श्रद्धापूर्वक विनय करते हैं। ऐसा करके तुलसी ने न केवल अपनी भक्ति-पद्धति को एक व्यापक आधारभूमि पर प्रतिष्ठित किया वरन् तत्कालीन शैव-शाक्त-वैष्णव भक्तों के पारस्परिक वैमनस्य को भी दूर कर दिया तथा वैष्णवों में भी राम और कृष्ण-भक्ति के नाम पर विभक्त भक्तजनों को एक-दूसरे के समीप लाकर खड़ा कर दिया।

---

1. कृष्ण गीतावली, पद संख्या 33
2. संकर विमुख भगति चह मोरी। सो नारकी मूढ़ मति थोरी।।
   —मानस, लंकाकाण्ड।
3. जाके चरन सरोज सेई सिधि पाई संकर हू।
   —विनयपत्रिका।
4. नहिं तब आदि मध्य अवसाना। अमित प्रभाव वेद नहीं जाना।
   —मानस, बालकाण्ड।
5. तुलसी, प्रभु प्रेम वस्य मनुज रूप धारी।
   बाल-केलि लीला रस ब्रज जन हितकारी।।
   —श्रीकृष्णगीतावली, पद-1

तुलसी की भक्ति को समझने के लिए उन प्रतीकों की निष्ठा को भी समझना आवश्यक है जिन्हें अपना आदर्श स्वीकार करके उन्होंने बार-बार स्मरण किया है। भक्ति के क्षेत्र में तुलसी के दो आदर्श हैं—चातक और मीन। चातक की भक्ति में अनन्यता, निष्कामता तथा आलम्बन के महत्त्व की आनन्दमयी स्वीकृति है। वह जानता है कि उसका मेघ लोक-उपकारी है, महिमामय है। इसलिए वह अपनी याचना को लोक-याचना के रूप में उपस्थित करता है। तुलसी की याचना भी लोक-याचना है। वे जानते हैं कि उनके राम लोक-रक्षक हैं। राम के महत्त्व को आनन्दपूर्वक स्वीकार करके ही वे अपनी दीनता प्रकट करते हैं। चातक का मेघ के प्रति और तुलसी का राम के प्रति व्यक्त दैन्य एक ही आधार पर स्थित है। तुलसीरूपी चातक को भी राम श्यामघन की ही आशा है—

तुलसी-चातक-आस राम-स्याम-घन की।

—विनयपत्रिका, पद-75

और मीन के प्रेम का क्या कहना! जल से अलग तो वह जी ही नहीं सकती। तुलसी की दृष्टि में—'तुलसी एकै मीन को है साँचलो सनेह'—एक मीन का ही प्रेम सच्चा है। इसीलिए वे 'राम-भक्ति-सुरसरि-नीर-मीनता' की कामना करते हैं—

करुणानिधन बरदान तुलसी चहत
सीतापति भक्ति सुरसरि नीर-मीनता

—विनयपत्रिका, पद-162

भक्ति का मार्ग अन्य सभी साधनाओं से सुगम और श्रेष्ठ है। योग, मख, ज्ञान, वैराग्य आदि वेद-विहित कर्म सुनने में भले मधुर हों, करने में निश्चय ही कठिन हैं। व्रत, तीर्थाटन, तप आदि की बात सुनकर तुलसी का मन सहम जाता है, वे सोचते हैं, इनमें पड़कर कौन अपना शरीर क्षीण करे।[1] तत्त्वतः 'ज्ञान' और 'भक्ति' में भेद नहीं है। दोनों 'भव-संभव-खेद' को दूर करने में समर्थ हैं। किन्तु 'ज्ञान' के साथ एक कठिनाई है। ज्ञान ही क्या, वैराग्य, योग और विज्ञान के साथ भी यह कठिनाई है कि ये सब पुरुष हैं। अविद्या (माया) स्त्री है। पुरुषों का स्त्रियों के प्रति सहज आकर्षण होता है। अतः इन साधनों को स्वीकार करके जीवन-पथ पर अग्रसर होने वाला व्यक्ति माया के फन्दे में सरलता से पड़ सकता है। इसके विपरीत भक्ति स्वयं नारी है। नारी, नारी के रूप से प्रभावित नहीं होती। अतः भक्ति पर माया का कोई प्रभाव नहीं पड़ सकता। इतना ही नहीं, स्वयं भगवान राम को भक्ति प्यारी है।

1. ब्रत, तीरथ तप सुनि सहमत,
पचि मरै करै तन छाम को!

—विनयपत्रिका, पद-155

इसलिए भी माया डरती है। इसीलिए मुनि और विज्ञानी भी भक्ति की याचना करते हैं। ज्ञान का पन्थ तो कृपाण की धार के समान है। ज्ञान-ज्योति प्रज्वलित करने में ही अनेक कठिनाइयाँ हैं। यदि वह प्रज्वलित भी हो गयी तो विषयों की वायु का एक ही झोंका उसे बुझा सकता है। भक्ति तो चिन्तामणि के समान है, जिसका प्रकाश दिन-रात प्रस्फुटित होता रहता है। इससे अविद्या का अंधकार सहज ही मिट जाता है। इसीलिए तुलसी का निश्चित मत है कि जल-मन्थन से भले ही घृत निकल आवे, सैकत-कणों से भले ही तेल स्रवित हो जाय, किन्तु बिना हरिभजन के संसार-सागर का संतरण सम्भव नहीं है।[1]

उपर्युक्त विवेचन के आधार पर यह कहा जा सकता है कि तुलसी ने अपने युग की परिस्थितियों का गहन अध्ययन करने के बाद 'भक्ति' के रूप में एक ऐसे जीवन-दर्शन की उपलब्धि की थी जो व्यक्ति और समाज दोनों का उन्नयन करने में समर्थ है। जो व्यापक आधार पर प्रतिष्ठित है। जिसमें लक्ष्य-च्युत होने की सम्भावना बहुत ही कम है। जो व्यक्ति की श्रेष्ठता में विश्वास और जीवन में आस्था उत्पन्न करने में समर्थ है। जो प्रवृत्ति की ओर प्रेरित करने वाला है, संसार के संघर्षों से पलायन की प्रेरणा देने वाला नहीं। जो समता और समन्वय की भावना पर आधृत है और जिसकी उपादेयता आज भी निर्विवाद है।

---

1. बारि मथे घृत होई बरू सिकता तें बरू तेल।
   बिनु हरि-भजन न भव तरहिं यह सिद्धान्त अपेल।।

—मानस उत्तरकाण्ड।

काव्य-सौष्ठव

तुलसी की काव्य-सुषमा का अनुभव करने के लिए हृदय की विशालता, बुद्धि की विमलता, वाग्देवी की अनुकम्पा, विचारों की श्रेष्ठता और लोकमंगल की भावना अपेक्षित है।[1] जो केवल भणिति-वैचित्र्य को ही सब कुछ मानते हैं, तुलसी के काव्य में उन्हें कदाचित कुछ भी प्राप्त न हो। उन्होंने तो केवल वस्तु-सौन्दर्य पर ध्यान दिया था।[2] तुलसी ऐसे काव्य-विवेक को दूर से ही नमस्कार करते हैं जिसका उपयोग प्राकृत जन-गुण-गान में किया जाता है[3], जिसे बेचकर वर्ण-वर्ण पर सुवर्ण प्राप्त किया जाता है और जिसमें कवि की आत्म-निष्ठा का प्रश्न ही नहीं उठता, वरन् आश्रयदाता की रुचि-प्रतिष्ठा का ही प्राधान्य होता है। वे ऐसी बाल-कविता को भी व्यर्थ मानते हैं जो पण्डित-मण्डली में आदर नहीं प्राप्त करती।[4] जब कवि युग-युग की लोक-व्यापी समस्याओं का समाधान किसी ऐसी आत्मनिष्ठ भावना में प्राप्त कर लेता है जिसे राष्ट्र की सांस्कृतिक परम्परा का समर्थन भी प्राप्त होता है तो उसका हृदय

---

1. हृदय सिंधुमति सीप समाना। स्वाति सारदा कहहिं सुजाना।
   जो बरसइ बर बारि बिचारू। होइ कवित मुक्ता मति चारू।।

   —मानस, बालकाण्ड।

   भगत हेतु बिधिभवन बिहाई। सुमिरत सारद आवत धाई।

   —मानस, बालकाण्ड

   कीरति भणिति भूति भलि सोई। सुरसरि सम सबकर हित होई।

   —मानस, बालकाण्ड।
2. भणिति भदेस वस्तु भलि बरिनी।
3. कीन्हें प्राकृत जन गुण गाना। सिर धुनि गिरा लागि पछिताना।

   —मानस, बालकाण्ड।
4. जे कवित्त बुधनहिं आदरहीं।
   सो श्रम बादि बाल कबि करहीं।

   —मानस।

आनन्द से उल्लसित हो उठता है, उसकी बुद्धि विमल हो जाती है, उसका हृदयस्थ राग-स्रोत फूट पड़ता है और काव्य-सरिता का अजस्र स्रोत प्रवाहित होने लगता है।

'रामचरित' के रूप में तुलसी ने ऐसा ही समाधान कर लिया था।[1] फिर तो काव्य के सभी उपादान स्वयमेव उसका अनुगमन करते हैं। मूल वस्तु है—लोक मंगलकारी आदर्शों की उपलब्धि। 'रामचरितमानस' इन्हीं आदर्शों की प्रतिष्ठा का परिणाम है। यह आदर्श-प्रतिष्ठा ही तुलसी के काव्य का मर्म है। काव्य के तथाकथित उपादान इसकी सौन्दर्य-वृद्धि में सहायक मात्र हैं। कवि तुलसी के विमल मानस में जिस चरित-मानस की कल्पना साकार हुई थी उसकी सार्थकता जन-मानस का मल प्रक्षालन करने में थी। यह कार्य 'रामसीय-जस-सलिल सुधा' से ही सम्पादित हो सकता था। जल में तरंग-भंगिमा सहज सम्भाव्य है। यही स्थिति काव्य के वस्तु-तत्त्व में आलंकारिक सौन्दर्य की है।[2] जिस प्रकार जल-पूर्ण सरोवर की पारिभाषिक पूर्णता विविध प्रकार की मछलियों के अभाव में अधूरी रह जाती है, उसी प्रकार काव्य-सरोवर ध्वनि, वक्रोक्ति, काव्य-गुण और स्वभावोक्ति के अभाव में पूर्ण रमणीयता नहीं प्राप्त कर सकता।[3] सरोवर का निर्माण मछलियों के लिए नहीं होता। उसका अनिवार्य तत्त्व जल है। मत्स्य-विहीन जलपूर्ण सरोवर देखा जा सकता है किन्तु जल के अभाव में मछलियों की स्थिति की कल्पना नहीं की जा सकती। जिन कविपुंगवों का काव्य-विवेक अलंकार 'स्वभावोक्ति', 'ध्वनि' और 'गुण' को ही काव्य का सर्वस्व मानकर चलता है, तुलसी अपने को उनकी परम्परा से पृथक् कर लेते हैं। छन्द, काव्य-सरोवर के कमल-पुष्प हैं।[4] सरोवर का सौन्दर्य कमल-पुष्पों से बढ़ जाता है। कभी-कभी पत्रयुक्त कमल-पुष्पों की सघनता सामान्य दर्शक की दृष्टि से जल की विमलता को ओझल कर देती है। इसी प्रकार छन्दों को अधिक महत्त्व देने से काव्य का भाव-सौन्दर्य समाप्त हो जाता है। जो छन्द योजना में ही अपने श्रम की सार्थकता

---

1. अस मानव मानस चष चाही। भई कवि बुद्धि बिमल अवगाही।
   भयेउ हृदय आनन्द उछाहू। उमगेउ प्रेम प्रमोद प्रबाहू।।
   चली सुभग कविता-सरिता सी। राम विमल जस जल भरिता सी।।
   —मानस, बालकाण्ड।
2. राम सीय जस सलिल सुध सम। उपमा बीचि-बिलास मनोरम।।
   —मानस, बालकाण्ड।
3. धुनि, अवरेव कवित गुन जातीं। मीन मनोहर ते बहु भाँती।।
   —मानस, बालकाण्ड।
4. छंद सोरठा सुन्दर दोहा। सोई बहुरंग कमल कुल सोहा।
   पुरइनि सघन चारु चौपाई। जुगुति मंजु मनि सीप सुहाई।
   —मानस, बालकाण्ड।

देखते हैं, वे काव्य के मर्म को नहीं जानते।[1] तुलसी का काव्य-सौन्दर्य राम की चारित्रिक पूर्णता में ही देखा जा सकता है। चारित्रिक पूर्णता के लिए 'भावों' के विशिष्ट संघटन की आवश्यकता होती है। तुलसी के काव्य जीवन में व्याप्त सभी भावों का चित्रण किया गया है। 'रति', 'हास्य', 'शोक', 'क्रोध', 'उत्साह', 'भय', 'आश्चर्य', 'जुगुप्सा', 'निर्वेद', 'वात्सल्य' आदि सभी स्थायी भावों को हम उनके सजातीय भावों के साथ तुलसी की कृतियों में देख सकते हैं।

तुलसी का भाव-चित्रण

तुलसी के भाव-चित्रण की सबसे बड़ी विशेषता यह है कि उन्होंने भाव को शील के उत्कर्ष का साधन माना है। तुलसी के आदर्श पात्र लोक-मर्यादा का उल्लंघन नहीं करते। इसलिए जब कभी वे आश्रय या आलम्बन-रूप में भावों की स्थिति और विकास के आधार बनते हैं, तो भावसत्ता को भी लोक-मर्यादा का बन्धन स्वीकार करना पड़ता है। सबसे पहले 'रति' को लेकर विचार कीजिए। प्रसंग जनक-वाटिका का है। वाटिका में राम और लक्ष्मण प्रसून-चयन करने आये हैं। सीता-सखियों के साथ गौरी-पूजन के लिए आयी हैं। सीता की एक सखी अलग होकर वाटिका का सौन्दर्य देख रही थी उसने राम-लक्ष्मण के अनुपम रूप-लावण्य को देखा। उसका हृदय प्रेम से स्निग्ध हो गया। उसे रोमांच हो आया। नेत्र अश्रुपूर्ण हो गये। इसी विह्वल स्थिति में वह सीता के पास आयी। सखियों के आग्रह पर वह इतना ही कह सकी–

स्याम गौर किमि कहऊँ बखानी। गिरा अनयन, नयन बिनु बानी।

सीता के हृदय में राम-दर्शन की उत्कण्ठा हुई। सीता की परम रूपवती सखियों में से एक जिसके रूप को देखकर विह्वल हो उठे, उसके दर्शन की उत्कण्ठा सीता की मर्यादा के विरुद्ध नहीं है। उनकी यह उत्कण्ठा आकुलता में तब परिणत होती है जब दूसरी सखी पूर्व सखी का समर्थन करते हुए कहती है–

बरनत छबि जहँ-तहँ सब लोगू। अवसि देखिअहिं देखन जोगू।।
जिन्ह निज रूप मोहिनी डोरीं। कीन्हें स्वबस नगर नर-नारी।।

जिसका सौन्दर्य सामान्य चर्चा का विषय बन जाय, जिसके रूप में मोहिनी शक्ति हो, जो नगर की नर-नारियों को वशीभूत कर ले, उसे देखने के लिए नेत्रों का आकुल होना स्वाभाविक है। अभी भी सीता के हृदय में 'रति' का उदय नहीं हुआ है। यह स्थिति तब आती है, जब उन्हें नारद के पूर्व-कथित वचनों का स्मरण हो आता है–

1. पुरइनि सघन ओट, जल, वेगि न पाइअ मर्म।
   मायाछन्न न देखिए, जैसे निर्गुन ब्रह्म।।

   –मानस, अरण्यकाण्ड।

सुमिरि सीय नारद बचन, उपजी प्रीति पुनीत।
चकित बिलोकति सकल दिसि, जनु सिसु मृगी सभीत।।

नारद के वचन याद आने से राम के प्रति निजत्व-भावना का उदय होता है। वे सामान्य नायक मात्र नहीं रह जाते। 'वे वहीं होंगे' की सम्भावना से पुनीत प्रीति का उदय होता है। राम को प्रत्यक्ष देखकर वे जड़वत हो जाती हैं–

थके नयन रघुपति छवि देखे। पलकन्हिहूँ परिहरी निमेखे।

कुछ क्षणों के लिए उनकी कार्य करने की योग्यता खो जाती है। नेत्रों के माध्यम से राम का रूप-बिम्ब हृदय-मन्दिर में लाकर वे पलकों का कपाट लगा देती हैं। सखी व्यंग्य करती है–

बहुरि गौरि कर ध्यान करेहू। भूप किशोर देखि किन लेहू।

सीता को संकोच होता है। यह संकोच अपनी स्थिति के बोध के कारण ही है। कदाचित् अब वे मर्यादा की सीमा-रेखा के समीप पहुँच चुकी थीं। लोक-दृष्टि में राम अभी उनकी 'निधि' नहीं बन पाए थे; किन्तु राम का भुवन-मोहन सौन्दर्य उन्हें विचलित कर रहा था। ठीक अवसर था जब कवि उनके सामने मर्यादा का सबसे प्रबल अंकुश उपस्थित करता। यह अंकुश है जनक की प्रतिज्ञा।

सीता की प्रीति का अधिकारी कोई भी व्यक्ति केवल सौन्दर्य के आकर्षण से नहीं हो सकता। उसे सारे संसार के सामने अपनी शक्ति का प्रमाण देना होगा। पिता के प्रण का स्मरण कर सीता अधीन हो उठी–'नख-सिख देखि राम कै सोभा। सुमिरि पिता पन मन अति छोभा।' सीता की यह मनःस्थिति अधिक देर तक न रह सकी। एक अन्य सखी के व्यंग्य, 'पुनि आउब एहि बेरियाँ काली।' सभी सखियों द्वारा विलम्ब होने की चर्चा और माता के भय ने उन्हें संयम रखने के लिए विवश किया। उन्होंने धैर्य धारण किया। राम के रूप का आकर्षण उन्हें विवश कर रहा था। किन्तु सखियों का संकोच भी कम न था। इसलिए राम को देखने के लिए अब उन्हें मृगों, विहंगों और तरुओं के देखने का बहाना लेना पड़ा–

देखन मिस मृग बिहग तरु, फिरइ बहोरि-बहोरि।
निरखि-निरखि रघुबीर छबि, बाढ़इ प्रीति न थोरि।

यह सहज स्वच्छन्द प्रेम पर मर्यादा की विजय का प्रमाण है। अन्ततः राम की श्याम मूर्ति का ध्यान करती हुई सीता लौट पड़ीं।

पूरे प्रसंग में 'रति' और परिधि में आने वाले–'उत्कण्ठा' (औत्सुक्य), 'आकुलता', 'जड़ता', 'संकोच' (ब्रीड़ा), 'अधीरता', 'अवहित्था' आदि संचारी भावों की स्थिति का चित्रण किया गया है। वे सभी भाव सीता के मर्यादित व्यक्तित्व को सजीव करने में सहायक हुए हैं। प्रत्येक भावपूर्ण मनःस्थिति को सामाजिक मर्यादा को नियंत्रण

में रखकर उपस्थित किया गया है। सखियों का संकोच, उनके द्वारा किये जाने वाले व्यंग्य, पिता का प्रण और माता का भय, इन सब के बीच में सीता की पुनीत प्रीति, उनका औत्सुक्य, आकुलता, अधीरता, संकोच, जड़ता आदि भाव इस प्रकार दमक उठे हैं जैसे अवगुण्ठन के भीतर से रमणी के आनन की कान्ति रह-रहकर विभिन्न छाया-बिम्बों की सृष्टि करती हुई प्रतीत होती है। 'रति' भाव का एक अन्य चित्र देखिए। राम-सीता-लक्ष्मण वन-पथ पर आगे बढ़ रहे हैं, मानो तीन सौन्दर्य बिन्दुओं से निर्मित एक रेखा उभरती जा रही हो। भोली-भाली ग्राम-वधुएँ आश्चर्य, उत्सुकता, स्नेह, संकोच और आनन्द-मग्न होकर इस अद्‌भुत दृश्य को देखती रह जाती हैं। स्त्री-कदाचित् अन्य स्त्री का नैकट्य शीघ्र प्राप्त कर लेती है। एक भोली ग्राम-वधू विनयपूर्वक सीता से पूछ बैठती है–

राज कुमारि विनय हम करहीं। तिय-सुभाय कुछ पूछत डरहीं।
कोटि-मनोज-लजावनि हारे। सुमुखि कहहु को आहिं तुम्हारे।।

प्रश्न करने वाली ग्राम-वधू निरी भोली न थी। सम्भवतः उसने सीता और राम के सम्बन्ध का अनुमान कर लिया था। प्रश्न तो उसने सीता के मुख से अपने अनुमान की पुष्टि कराने के लिए ही किया था। सीता का असमंजस में पड़ना स्वाभाविक था। कवि ने जिस कौशल से सीता के संकोच, गूढ़ प्रीति एवं रति-जन्य-अनुभावों का चित्रण किया है, वह समस्त हिन्दी साहित्य में अद्वितीय है–

तिन्हहि बिलोकि बिलोकति धरनी। दुहुँ संकोच सकुचति बर बरनी।
सकुचि सप्रेम बाल मृगनयनी। बोली मधुर बचन पिक बयनी।।
सहज सुभाय सुभग तनु गोरे। नाम लखनु लघु देवर मोरे।
बहुरि बदन बिधु अंचल ढाँकी। पिय तन चितई भौंह करि बाँकी।
खंजन मंजु तिरीछे नयननि। निज पति कहेउ तिन्हहि सिय सयननि।।

कवि ने चित्र-कल्पना 'हनुमन्नाटक' से ली है–

पथि पथिक बधूमिः सादरं पृच्छयमाना कुवलयदलनीलः कोऽयं आर्ये तवेति।
स्मितिवकसितगण्डं ब्रीडविभ्रान्तनेत्रं मुखमवनमयन्ती स्पष्टामाचष्ट सीता।।

किन्तु हनुमन्नाटक की तुलना में तुलसी का भावचित्र अधिक विशद, स्वाभाविक, सजीव और व्यंजक है। इसके द्वारा भी सीता का शील ही व्यक्त हुआ है। ग्राम-वधू के आग्रह की रक्षा में उनकी सरलता, प्रश्न का स्पष्ट उत्तर न देने में उनकी स्वभावगत लज्जा, पहले लक्ष्मण के प्रति अपने सम्बन्ध की व्यंजना में उनकी लोक-मर्यादा और अन्ततः मात्र अनुभावों के आधार पर राम के प्रति सांकेतित दाम्पत्य-भावना में उनका स्त्रीत्व साकार हुआ है।

'गीतावली' में चित्रकूट की जीवन-चर्या का अंकन करते हुए तुलसी ने राम और सीता के 'माधुरी-विलास-हास' का चित्रण भी किया है।

इस प्रसंग की विशेषता यह है कि पहली बार कवि ने आराध्य युगल की एकान्त-केलि का अंकन किया है। यहाँ कवि का संयम देखते बनता है–

सब ऋतु ऋतुपति-प्रभाउ, संतत बहै त्रिविध बाउ,
जन बिहार-बाटिका नृप पंचवान की।
बिरचित तहँ परनसाल, अतिविचित्र लषनलाल,
निवसत जहँ नित कृपालु राम जानकी।
निज कर राजीव नयन पल्लवदल-रचित-सयन
प्यास परसपर पियूष प्रेम-पान की।
सिय अंग लिखे धातु राग, सुमननि भूषन-विभाग
तिलक-करनि का कहाँ कला-निधान की।
माधुरी-बिलास-हास, गावत जस तुलसिदास,
बसति हृदय जोरी प्रिय परम प्रान की।।

राम भक्ति में रसिक-भावना के विकास पर विचार करते हुए यह कहा गया है कि 'मानस' में उनका (तुलसी का) आराध्य के प्रति आत्म-निवेदन, दास्य भाव का था, किन्तु 'गीतावली' में उनका आत्म-समर्पण माधुर्य भाव से प्रेरित था।[1] बरवैरामायण को भी इस दृष्टि से महत्त्वपूर्ण माना गया है। रसिक सम्प्रदाय में सखियों को आराध्य-युग्म की रूपासक्त उपासिकाओं के रूप में स्वीकार किया गया है। 'बरवैरामायण' में कवि ने सखियों के माध्यम से राम-सीता के सौन्दर्य एवं रति-भाव का संक्षिप्त चित्रण किया है। इसी आधार पर परवर्ती राम-भक्तों ने तुलसी की भक्ति-साधना में भी माधुर्य-भाव की भक्ति की स्थिति मानी है और उन्हें भी 'तुलसी-सखी' की उपाधि दे दी है।[2]

तुलसी की उपासना माधुर्य भाव की थी या नहीं–यह पृथक् विचार का विषय है। इस सम्बन्ध में यह ध्यान रखना होगा कि तुलसी का आत्म-रूप विनयपत्रिका में ही सर्वाधिक मुखर हुआ है। यही कृति उनकी व्यक्तिगत साधना का आधार बन सकती है। किन्तु इसमें माधुर्य भाव की भक्ति का संकेत नहीं मिलता। प्रस्तुत प्रसंग में इतना ही विचारणीय है कि 'गीतावली' के उपर्युक्त चित्र में मर्यादा का ह्रास हुआ है या नहीं? जहाँ तक मैं समझता हूँ, उपर्युक्त चित्र में राम के दाम्पत्य-जीवन की मर्यादा सुरक्षित है। इसके अभाव में राम का दाम्पत्य-जीवन अपूर्ण रह जाता। तुलसी के हृदय में जहाँ शत्रुजयी, धुनर्धारी राम का वीर्यवान रूप अंकित था, वहीं सीता-राम की मधुर-मूर्ति भी विराजमान थी। जिस तुलसी ने आराध्य-युग्म के माधुरी-विलास-हास का चित्रण किया, उसी ने यह भी लिखा–

1. राम-भक्ति में रसिक सम्प्रदाय, डॉ. भगवतीप्रसाद सिंह, पृ. 106
2. राम-भक्ति में रसिक सम्प्रदाय, डॉ.भगवतीप्रसाद सिंह, पृ. 109

राजत राम काम-सत सुन्दर।
रिपु रन-जीति अनुज संग सोभित, फेरत चाप-विसिष बनरुह कर।
स्याम सरीर रुचिर श्रम-सीकर, सोनित-कन बिच-बीच मनोहर।
तुलसिदास यह रूप अनूपम हिय सरोज बसि दुसह विपति-हर।।

आराध्य के विविध रूपों की चित्र-कल्पना तुलसी ने की है किन्तु कहीं मर्यादा का उल्लंघन नहीं हुआ है। गीतावली में 'बसन्त-विहार' का वर्णन करते हुए भी तुलसी ने जहाँ राम और उनके सखाओं तथा सीता और उनकी सखियों को एक साथ उपस्थित किया है, वहाँ राम के व्यक्तित्व में शीलच्युति की गंध तक नहीं आती। बसन्त-विहार में कहीं नगर की स्त्रियाँ ऋतु के अनुकूल मनोहर गीत गाती हैं और कहीं नर-नारी परस्पर गारी देती हैं। भगवान राम इन्हें सुनकर हँस देते हैं। कवि इससे अधिक कुछ नहीं कहता। इस प्रकार राम और सीता के मधुर सम्बन्धों के चित्रण में भी तुलसी की दृष्टि मर्यादा-सापेक्ष ही है।

दाम्पत्य-रति के वियोग-पक्ष का चित्रण भी राम-सीता के शील के अनुकूल ही हुआ है। राम और सीता का प्रेम सभी स्थितियों में सम है। सीता के वियोग में राम को विरहोन्माद हो जाता है। वे पक्षियों, पशुओं और भौंरों से सीता का पता पूछते हैं, कभी यही पशु-पक्षी उनका उपहास करते हुए से प्रतीत होते हैं। सीता के अभाव में उनके विविध अंगों के प्राकृतिक उपमान राम को हर्षमग्न दिखायी देते हैं। यह स्थिति तभी तक रहती है जब तक सीता का पता नहीं लगता। गृद्धराज जटायु से सीता-हरण का समाचार मिलने पर यह विरह राम का पौरुष बनकर क्षात्रदर्प के रूप में प्रकट होता है।

वे गृद्धराज से कहते हैं–

सीता हरन तात जनि, कहहु पिता सन जाइ।
जौ मैं राम त कुल सहित, कहिहि दसानन आइ।।

राम का वियोग परिस्थितिगत विवशता के कारण सीता को दैन्य और विषाद की मूर्ति बना देता है। हनुमान के शब्दों में सीता का चित्र देखिए–

तुम्हारे बिरह भई गति जौन।
चित दै सुनहु, राम करुनानिधि। जानौ कछु पै सकौं कहि हौन।
लोचन-नीर, कृपिन के धन ज्यों रहत निरन्तर लोचन-कौन।
हा धुनि-खगी लाज-पिंजरी मँह राखि हिये बड़े बधिक हठि मौन।।

जिस सीता ने वन-गमन के समय कहा था–

राखिअ अवध जो अवधि लगि, रहन न जनिअहिं प्रान।

वह यदि राम से वियुक्त होने पर दीन, मलीन, क्षीण होकर साक्षात् करुणा की छायामूर्ति न बन गयी होतीं तो अनसूया के निम्नलिखित कथन की सार्थकता कैसे प्रमाणित होती?—

सुनु सीता तव नाम सुमिरि नारि पतिब्रत करहिं।
तोहि प्रान प्रिय राम कहिउँ कथा संसार हित।।

'शोक' का चित्रण भी तुलसी की कृतियों में कम नहीं हुआ है। राम-वन-गमन का पूरा प्रसंग शोक-सरिता की विविध लहरियों से पूर्ण है। कैकेयी द्वारा राम के वन-निष्कासन का वरदान माँगने पर दशरथ शोक-संतप्त हो जाते हैं। वे इस आकस्मिक घटना से सहम जाते हैं। कुछ भी कहने में असमर्थ हो जाते हैं। उनके शरीर का रंग बदल जाता है। वे माथे पर हाथ रखकर नेत्र बन्द कर लेते हैं, मानो स्वयं शोक साकार होकर चिन्तामग्न हो गया हो।[1] पुत्र-निर्वासन का समाचार ज्ञात होने पर माता कौशल्या विषादमग्न हो जाती हैं। वे सहमकर सूख सी जाती हैं। नेत्रों में अश्रु आ जाते हैं। शरीर थर-थर काँपने लगता है।[2] राम को वन में छोड़कर अयोध्या लौटते हुए सुमन्त्र की स्थिति तो और भी दयनीय है। उनके नेत्रों में जल भरा है, दृष्टि मन्द हो गयी है, कानों से सुनाई नहीं पड़ता, ओठ सूख गये हैं, मुँह लटक गया है, मुख का रंग बदल गया है। ऐसा प्रतीत होता है, मानो उन्होंने अपने माता-पिता की हत्या कर दी हो।[3] दशरथ की मृत्यु पर तो सारी अयोध्या शोक-मग्न हो जाती है। रानियाँ, दास-दासी, नगर-निवासी, सभी विलाप करने लगते हैं।[4] युद्धस्थल में लक्ष्मण के मूर्छित होने पर राम का करुण विलाप बड़ा ही मार्मिक है—

---

1. सुनि मृदु बचन भूप हियँ सोकू। ससि कर छुअत बिकल जिमि कोकू।
गयउ सहमि नहिं कछू कहि आवा। जनु सचान बन झपटेउ लावा।
बिबरन भयउ निपट नरपालू। दामिनी हनउ मनहुँ तरु तालू।
माथे हाथ मूदि दोउ लोचन। तनु धनि सोचु लाग जनु सोचन।।
—मानस, अयोध्याकाण्ड।

2. कहि न जाई कुछ हृदय विषादू। मनहुँ मृगी सुनि केहरि नादू।
नयन सजल तन थर-थर काँपी। माजहि खाइ मीन जनु माथी।
—मानस, अयोध्याकाण्ड।

3. लोचन सजल डीठि भई थोरी। सुनइ न श्रवन बिकल मति भोरी।
सूखहिं अधर लागि मुहुँ लाटी। जिउ न जाइ उन अवधि कपाटी।
बिबरन भयउ न जाई निहारी। मारेसि मनहुँ पिता महतारी।
—मानस, अयोध्याकाण्ड।

4. सोक विकल सब रोवहिं रानी। रूपु सीलु बल तेजु बखानी।
करहिं विलाप अनेक प्रकारा। परहिं भूमितल बारहिं बारा।
बिलपहिं बिकल दास अरु-दासी। घर-घर रुदनु करहिं पुरवासी।
—मानस, अयोध्याकाण्ड 458

मोपै तौ न कछू है भाई।
ओर निबहि भली विधि भायप चल्यौ लषन-सो भाई।
पुर पितु-मातु सकल सुख परिहरि जेहि बन-बिपति बँटाई।
ता संग हौं सुरलोक साक तजि सक्यौं न प्रान पठाई।[1]

'वात्सल्य' का सुन्दरतम चित्र 'गीतावली' में देखा जा सकता है। तुलसी ने वात्सल्य के उभय-पक्षों–'संयोग' एवं 'वियोग'–को पूरी तन्मयता से साकार किया है। छोटे-छोटे चरणों और नन्ही-नन्ही उँगलियों वाले भगवान राम ठुमुक-ठुमुक कर चल रहे हैं। पैरों में पैजनियों का झुन-झुन रव मुखर हो रहा है। वे किलकारी मार कर हँसते हैं। उनके दूध के दाँत शोभायमान हो रहे हैं। वे कभी-कभी तोतली बोली में कुछ कह देते हैं। माता कौशल्या चुटकी बजा-बजा कर उन्हें नचाती हैं। उनकी बाल-लीलाओं का गान करती हैं और दुलारती हैं–

छोटि छोटि गोड़ियाँ, अँगुरियाँ छबलीं छोटी,
नख-जोति मोती मानो कमल-दलनि पर।
ललित आँगन खेलैं, ठुमुक ठुमुक चलैं।
झुँझुँनु झुँझुँनु पाँय पैजनी मृदु मुखर।
x x x
चुटकी बजावती नचावती कौसल्या माता,
बाल केलि गावति मल्हावती सुप्रेम-भर।
किलकि-किलकि हँसैं, द्वै-द्वै दँतुरियाँ लसैं।
तुलसी के मन बसैं तोतरे बचन बर।[2]

तुलसी के संयोग वात्सल्य के इन चित्रों में कहीं-कहीं उनकी व्यक्तिगत दास्य-भावना ने वत्सलता को दबा दिया है। ऐसे स्थलों पर स्पष्टतः भाव-चित्रण में कलात्मक सौष्ठव का ह्रास हुआ है। ऐसा ही एक चित्र देखिए–माता कौशल्या कहती हैं कि हे लाल! तुम पालने में पौढ़ जाओ, मैं तुम्हें झुलाऊँ। यहाँ से आरम्भ करके अन्त में कवि कौशल्या माता से ही कहलाता है–हे रघुश्रेष्ठ! मैं कविता-कामिनी के साथ मिलकर तुम्हारे पवित्र चरित्र गाकर तुम्हारे ही चरणों में चित्त लगाऊँ।[3] यहाँ माता का स्थान तुलसी ने ले लिया है और वात्सल्य के स्थान पर दास्य भाव उभर आया है। वात्सल्य का एक अनुपम चित्र 'गीतावली' में अंकित हुआ है। माता

1. गीतावली, लंकाकाण्ड, पद-6
2. गीतावली, बालकाण्ड, पद-33
3. पौढ़िये लालन, पालने हौं झुलावौं।
चारु चरित रघुबर तेरे तेहि मिलि गाई चरन चितु लावौं।
–गीतावली, बालकाण्ड, पद-18

कौशल्या सान्त्वना देने वाली किसी सखी से कहती हैं–

जिनके विरह-विषाद बँटावन खग मृग जीवन दुखारी।
मोहि कहा सजनी समुझावति, हौं तिन्हकी महतारी।।[1]

'हौं तिन्हकी महतारी' में जो व्यंजना है, वह मातृ-हृदय की विरह-कातरता व्यक्त करने वाली अनेक पंक्तियों में भी व्यंजित नहीं हो सकती थी। अपनों के अभाव का दुःख ही विरह-व्यथा की सृष्टि करता है। जिसे खग-मृग सभी अपना समझकर विषाद मग्न हैं, उसके वियोग में उसकी माता की व्यथा क्या सान्त्वना के शब्दों से कम हो सकती है?

'उत्साह' का चित्रण 'मानस', 'कवितावली' और 'गीतावली'–इन तीनों कृतियों में सफलतापूर्वक किया गया है। इसके आश्रय लक्ष्मण, निषादराज, राम, अंगद, हनुमान, मेघनाद आदि पात्र हैं। चित्रकूट में भरत को ससैन्य आता हुआ सुनकर उग्रता की मूर्ति लक्ष्मण वीररस की मूर्ति बन जाते हैं। भरत के साथ अपार सेना देखकर गंगा तट पर निषादराज 'उत्साहपूर्वक' राम के लिए युद्धभूमि में प्राण निछावर करने का निश्चय करते हैं। वर्षाऋतु व्यतीत होने पर सीता की खोज के लिए भगवान राम पौरुषमय उत्साह प्रदर्शित करते हैं। इसी प्रकार परिस्थिति और प्रसंग के अनुसार उपर्युक्त पात्रों में से प्रत्येक में उत्साह की स्थिति दिखायी गयी है। 'उत्साह' का एक अच्छा चित्र 'गीतावली' में लक्ष्मण-शक्ति के अवसर पर हनुमान के शब्दों में चित्रित हुआ है–

जौ हौं अब अनुसासन पावौं।
तौ चन्द्रमहि निचोरि चैल-ज्यों आनि सुधा सिर नावौं।
कै पाताल दलौं ब्यालावलि अमृत-कुण्ड महि लावौं।
भेदि भुवन करि भानु बाहिरो तुरत राहु दै तावौं।
बिबुध बैद बरबस आनौ धरि, तौ प्रभु अनुग कहावौं।
पटकौ मीचु नीच मूषक ज्यों सबहिं को पाप बहावौं।
तुम्हरिहि कृपा, प्रताप तिहारेहिं नेकु बिलम्ब न लावौं।
दीजे सोइ आयसु तुलसी–प्रभु, जेहि तुम्हरे मन भावौं।[2]

'भय' का सर्वोत्कृष्ट रूप 'कवितावली' में लंका-दहन के समय देखा जा सकता है। लंका के कनक-कोट विकराल ज्वाल-जाल में दग्ध हो रहे हैं। चारों ओर हाहाकार मच गया है। भीषण आतंक से निशाचर-राज रावण भी 'धरो-धरो' और 'धाओ-धाओ' कहने के अतिरिक्त और कुछ नहीं कर पा रहा है। मन्त्री लोग उसे ठेलकर अलग करते हुए कहते हैं–'नाथ न चलैगो बल अनल भयावनो।' राक्षसिनियाँ कातर स्वर

1. गीतावली, अयोध्याकाण्ड, पद-85
2. गीतावली, लंकाकाण्ड, पद-8

में कहती हैं—'बार-बार कह्यो पिय कपि सों न लागि रे।' दशों-दिशाओं में अग्नि की कराल लपटें छा गयी हैं। सभी लोग धूम्र से व्याकुल हो गये हैं। कोई किसी को पहचानता नहीं। लोग पानी के लिए ललकते हैं। बिललाते हैं। शरीर जला जा रहा है। भाग-दौड़ में पैरों तले रौंदे जा रहे हैं। एक-दूसरे को भगाने और बचाने के लिए आर्तस्वर में पुकारते हैं—

लपट कराल ज्याल जाल माल दहूँ दिसि,
धूम अकुलाने पहिचानै कौन काहि रे?
पानी को ललात, बिललात, जरे गात जात,
परे पाइमाल जात, भ्रात! तू निबाहि रे।।
प्रिय तू परहि, नाथ-नाथ! तू पराहि, बाप,
बाप तू पराहि, पूत-पूत तू पराहि रे।।
तुलसी बिलोकि लोग ब्याकुल बिहाल कहैं,
'लेहि दससीस अब बीस चख चाहि रे।।'[1]

'क्रोध' का चित्रण कुछ पात्रों के शील-वैशिष्ट्य को व्यक्त करने के लिए किया गया है। परशुराम स्वभाव से क्रोधी हैं। लक्ष्मण में भी सहज उग्रता है। इन्हीं पात्रों में 'क्रोध' की व्यंजना अधिक हुई है। मानव-जीवन में भी क्रोध की स्थिति इसी रूप में देखी जाती है। एक ही परिस्थिति में पड़े हुए दो व्यक्तियों में समान रूप से क्रोध का उदय आवश्यक नहीं है। जनक का यह कथन—'यदि मैं जानता कि पृथ्वी वीरों से शून्य है, तो प्रण करके उपहास का पात्र न बनता'—सुनकर लक्ष्मण क्रोधाभिभूत हो जाते हैं, किन्तु राम शान्त रहते हैं। कैकेयी का 'कोप', 'क्रोध' नहीं है। स्वाभाविक क्रोध इतना अवसर नहीं देता कि विशेष प्रकार की वेशभूषा में किसी निश्चित स्थान पर किन्हीं विशेष परिस्थितियों में उसे नाटकीय ढंग से व्यक्त किया जाय। कैकेयी ने क्रोध का अभिनय अधिक किया है। इसीलिए स्वयं कवि ने उसके लिए 'रूठते' और 'कोहते' जैसे शब्दों का प्रयोग किया है।[2] अंगद-रावण संवाद में रावण द्वारा राम की निन्दा की जाने पर अंगद क्रोध से तमतमा जाते हैं—

जब तेहिं कीन्ह राम कैं निन्दा। क्रोधवंत अति भयउ कपिंदा।
हरि-हर निन्दा सुनइ जो काना। होइ पाप गोघात समाना।
कट-कटान कपि कुंजर भारी। दुहुँ भुज दंड तमकि महि मारी।।

---

1. तुलसी ग्रन्थावली, सभा संस्करण, पृ. 174
2. जानेउँ मरमु राम हँसि कहई। तुम्हहि कोहाब परम प्रिय अहई।
—मानस, अयोध्याकाण्ड, पृ. 357

यहाँ क्रोध की व्यंजना स्वाभाविक ढंग से की गयी है। अंगद आश्रय, रावण आलम्बन, राम की निन्दा उद्दीपन और अंगद का कट-कटाकर दोनों भुजाओं को पृथ्वी पर मारना अनुभाव है। अंगद स्वभाव से क्रोधी नहीं है। उसका क्रोध अवसर के अनुकूल स्वाभाविक है।

'हास्य' का चित्र मानस में तीन अवसरों पर प्रस्तुत हुआ है। 'नारद मोह,' 'शिव-विवाह' और 'केवट-राम-संवाद'। 'नारद-मोह' के प्रसंग में उद्देश्यगर्भित हास्य है। भगवान नारद का 'परम हित' करना चाहते हैं। नारद भी भगवान से यही चाहते हैं, किन्तु नारद मोहान्ध हैं। उनकी स्थिति रोग-ग्रस्त व्यक्ति की है। रोगी कुपथ्य में ही अपना हित समझता है। वैद्य कुपथ्य नहीं दे सकता। इस प्रसंग में प्रस्तुत हास्य-योजना 'नारद' के उर में अंकुरित गर्व-तरु को विनष्ट करने के लिए की गयी है। शिव-विवाह प्रकरण में 'हास्य' का आधार विष्णु का व्यंग्य है। केवट-राम-संवाद में केवट की प्रेमगर्भित ढिठाई और टेक ने सुन्दर हास्य की सृष्टि की है। 'कवितावली' में भी केवट-राम-संवाद में इन्हीं आधारों पर 'हास्य' और 'भक्ति' का सुन्दर सामंजस्य दिखाया गया है। विन्ध्य-निवासी तपस्वियों की इस कल्पना में कि भगवान के चरण-कमलों के स्पर्श से वन के सभी शिला-खण्ड चन्द्रमुखियों के रूप में परिणत हो जायेंगे—हास्य का छींटा दिखायी पड़ता है।

'जुगुप्सा' का चित्रण 'कवितावली' में लंका-दहन के भयानक दृश्य के साथ ही किया गया है।[1] 'जुगुप्सा' और 'भय' का परस्पर सम्बन्ध शास्त्रीय दृष्टि से भी है। 'निर्वेद' का सुन्दरतम उदाहरण 'विनय पत्रिका' में देखा जा सकता है। यह 'निर्वेद' किसी क्षणिक मानसिक क्षोभ की प्रतिक्रिया के रूप में न होकर जीवन के समस्त क्रिया-कलापों पर शुद्ध ज्ञान-दृष्टि से किये गये विचार पर आधृत है—

जनम गयौ बादिहि बर बीति।
परमारथ पाले न परयो कछु, अनुदिन अधिक अनीति।
खेलत खात लरिकपन गो चलि, जौबन जुबतिंन लियो जीति।।
रोग-वियोग-सोक-सम-संकुल बड़ि बय बृथहिं अतीति।
राग-रोष-इरषा-बिमोह बस रूची न साधुसमीति।।

x x x

तुलसी प्रभु ते होइ सो कीजिय समुझि बिरद की रीति।।[2]

---

1. हाटबाट हाटक पिविलि चलो घी सो छनो,
कनक कराही लंक तलफति ताय सों।
नाना पकवान जातुधान बलवान सब,
पागि-पागि ढेरी कीन्हीं भली भाँति भाय सो।

—तु. ग्र., पृ. 177

2. विनयपत्रिका, पद सं. 234

तुलसी साहित्य में उपर्युक्त स्थायी भावों के अतिरिक्त काव्य-शास्त्र में वर्णित सभी संचारियों की स्थिति देखी जा सकती है। वस्तुतः प्रत्यक्ष जगत् की प्रत्येक क्रिया मानव-मन पर प्रभाव डालती है। प्रत्येक परिस्थिति मन को उद्वेलित करती है। मानव-जीवन में आने वाली परिस्थितियों की गणन सम्भव नहीं है। अतः मनोवेगों और भावों की संख्या का निर्धारण भी असम्भव है। अकेले तुलसी के रामचरितमानस में जीवन-यात्रा की असंख्य स्थितियाँ चित्रित हैं।

इसलिए इस ग्रन्थ में ऐसी अनेक मनःस्थितियाँ भी अंकित हैं जिन्हें नाम नहीं दिया जा सकता। पिछले पृष्ठों में जिन भाव-चित्रों को उपस्थित किया गया है, उनके आधार पर तुलसी के काव्य-सौष्ठव (भाव-चित्रण की दृष्टि से) की झलक मिल जाती है। उनका भाव-चित्रण शील-निरूपण का अंग बन गया है। 'मानस' में तो सर्वत्र ऐसा ही हुआ है। अन्य कृतियों में भी राम-कथा का क्षीण आधार वर्तमान है, अतः वहाँ भी भावों की उपस्थिति पात्र-विशेष के परिचित शील के अनुकूल ही है। भावों की विविधता होने पर भी उनके चित्रण में पूरी तन्मयता और गहराई है। कवि ने ऐसे भावों का सामंजस्य भी उपस्थित किया है जो सामान्यतः परस्पर विरोधी प्रतीत होते हैं। 'मानस' में कवि का ध्यान कथा के सन्तुलन पर अधिक रहा है। इसलिए किसी भी भाव को आवश्यकता से अधिक विस्तार नहीं दिया जा सका है। कथा-धारा को प्रभावित करने वाली जो घटना जितनी ही महत्त्वपूर्ण है, उससे उद्भूत भाव-धारा भी उतनी ही विशद, व्यापक और गम्भीर है। अन्य कृतियों में इस क्रम का निर्वाह नहीं हुआ है। 'गीतावली' में कोमल भावनाओं को ही महत्त्व दिया गया है। इसीलिए उत्तरकाण्ड को अधिक विस्तार देना पड़ा है क्योंकि उसमें राम की मधुचर्या का प्राधान्य है। 'कवितावली' में कथा की दृष्टि से 'सुन्दर' और 'लंकाकाण्ड' को महत्त्व दिया गया है। अतः इसमें पुरुष भावनाओं के चित्र अधिक सजीव हैं। 'उत्तरकाण्ड' में छन्दों की संख्या अन्य काण्डों की तुलना में अधिक है किन्तु इसमें राम की महिमा का गान ही अधिक है। कहीं-कहीं कवि के व्यक्तिगत जीवन के संकेत मिल जाते हैं। भाव-चित्रण की दृष्टि से 'कवितावली' का उत्तरकाण्ड अधिक महत्त्वपूर्ण नहीं है। 'विनयपत्रिका' में 'दैन्य' और 'निर्वेद' का ही प्राधान्य है। इन दोनों भावनाओं को इतना अधिक विस्तार समस्त हिन्दी-साहित्य में अन्यत्र कहीं नहीं मिला है।

अभिव्यक्ति-सौन्दर्य

कला

तुलसी ने 'वस्तु-तत्त्व' की सुन्दरता पर अधिक ध्यान दिया है। 'भणिति' के 'भदेस' होने की चिन्ता उन्हें नहीं थी, किन्तु 'वस्तु' और 'रूप'—दोनों की स्थिति अन्योन्याश्रित है। तुलसी के काव्य का वस्तु-तत्त्व (राम-चरित) जितना रमणीय है, उसका रूप-तत्त्व या अभिव्यक्ति पक्ष भी उतना ही कलात्मक है। काव्य-शैली, अलंकरण, शब्द-संघटन,

छन्द-योजना आदि उपकरण अभिव्यक्ति सौन्दर्य के सहायक उपादान हैं। अतः इन पर अलग-अलग विचार किया जायेगा।

शैली

'रामचरितमानस' प्रबन्ध काव्य है। राम के जीवन की विशद गाथा प्रबन्ध-शैली में ही सुन्दरतम रूप में प्रस्तुत की जा सकती थी। प्रबन्ध-शैली में लिखे गये काव्यों के मुख्यतः दो रूप मान्य हैं—महाकाव्य और खण्ड काव्य। 'मानस' महाकाव्य है। महाकाव्य के लिए जिन लक्षणों को भारतीय एवं पाश्चात्य काव्यशास्त्र में आवश्यक माना गया है, वे सभी 'मानस' में विद्यमान हैं। यह सर्ग-बद्ध है। इसका आरम्भ सरस्वती और गणेश की वन्दना से किया गया है। इसके बाद क्रमशः पार्वती, शंकर, गुरु वाल्मीकि, हनुमान, सीता, राम आदि की वन्दना की गयी है। इसके प्रत्येक सर्ग (काण्ड) में मुख्यतः एक ही प्रकार के छन्द (दोहा-चौपाई) प्रयुक्त हुए हैं। सर्गान्त में 'हरिगीतिका' छन्द का प्रयोग करके 'वृत्त-परिवर्तन' के नियम की रक्षा की गयी है। इसका आधार राम का जीवन-वृत्त है जो समस्त भारतीय समाज में प्रचलित है। कथा-संघटन में नाटक की सभी सन्धियाँ मिल जाती हैं। इसके नायक धीरोदात्त गुणयुक्त भगवान राम हैं, जो क्षत्रियकुमार भी हैं, विष्णु के अवतार भी हैं और ब्रह्म भी हैं, इसमें शान्त रस का प्राधान्य है। अन्य सभी रस भी प्रसंगानुसार प्रवाहित हैं। इसका लक्ष्य भगवान राम के चरणों में प्रीति प्राप्त करना और कलियुग के समस्त पापों का शमन करना है। इसमें सन्ध्या, प्रातः, सूर्य, वर्षा, शरद्, पर्वत, नगर, युद्ध, नदी, सरोवर आदि का वर्णन भी किया गया है। इन वस्तुओं के वर्णन से मानव की विकास-यात्रा के साथ विकसित सभ्यता के स्तरों का बोध होता है। इसमें खलों की निन्दा और सज्जनों की प्रशंसा भी की गयी है। इसका नामकरण कथा-नायक भगवान राम की जीवन-लीला को ध्यान में रखकर किया गया है। महाकाव्यों की मर्यादा के भीतर आने वाली केवल दो बातें 'मानस' में नहीं हैं। एक तो इसकी सर्ग (काण्ड) संख्या सात ही है। दूसरे इसमें ऐसा कोई सर्ग नहीं है जिसमें विविध वृत्तों का प्रयोग किया गया हो।

उपर्युक्त बाह्य लक्षणों के अतिरिक्त 'मानस' में महाकाव्य की मर्यादा की रक्षा करने वाले अन्य आन्तरिक विशिष्ट तत्त्व भी हैं। महाकाव्य 'महत्' की काव्यात्मक उपलब्धि है। 'मानस' का सब कुछ महान है। भारतीय धर्म, दर्शन, संस्कृति, जीवन-मर्यादा, सभ्यता, कला, साधना आदि का सुन्दरतम रूप 'मानस' में सुरक्षित है। 'मानस' का अध्ययन भारतवर्ष की महानतम उपलब्धियों का अध्ययन है। मानव-कल्याण के लिए युग-युग में जिन तत्त्वों की आवश्यकता हो सकती है, उन्हें हम इसमें एकत्र समन्वित पाते हैं। 'पूर्ण मानव' की उपलब्धि के लिए हम युग-युग से प्रयत्न करते आये हैं। 'रामत्व' उसी पूर्णता का पर्याय है।

'मानस' के अतिरिक्त 'रामललानहछू' 'जानकी-मंगल' और 'पार्वती-मंगल' की शैली भी प्रबन्धात्मक है। इन्हें खण्डकाव्य कह सकते हैं। इनमें 'मानस' की तुलना में प्रौढ़ता की कमी है।

तुलसी की शेष कृतियाँ मुक्तक काव्य की सीमा में आती हैं। 'गीतावली' 'कृष्ण-गीतावली' और 'विनयपत्रिका' गीति-मुक्तक रचनाएँ मानी गयी हैं। गीतिकाव्य की सबसे बड़ी कसौटी है—वैयक्तिकता, संगीतात्मकता, तन्मयता, संक्षिप्तता, भावों की एकरूपता, अनुभूति की सघनता, पद-रचना की कोमलता आदि विशेषताएँ तो वैयक्तिकता के अनुसारी परिणाम हैं। इस कसौटी पर एकमात्र 'विनयपत्रिका' ही शुद्ध गीति-काव्य मानी जा सकती है। 'गीतावली' की रचना राग-रागनियों में हुई है किन्तु इसमें कवि के निजी रूप के दर्शन नहीं होते। इसमें भी राम-कथा का ही गान किया गया है। डॉ. माताप्रसाद गुप्त के शब्दों में—''वह तो मूलतः 'पदावली रामायण' या 'पद-बद्ध रामायण' थी, 'गीतावली' नाम तो बाद की कल्पना है।''[1] यही स्थिति 'कृष्ण गीतावली' की है। कृष्ण के 'लीला-रस' के साथ तुलसी का मानसिक तादात्म्य कम ही था। इन दोनों कृतियों में कवि को विविध पात्रों की भूमिका में स्वयं को रखकर उपस्थित होना पड़ा है। इसलिए उसका निजत्व पूर्णतः मूर्त नहीं हुआ है।

'विनयपत्रिका' सच्चे अर्थों में एक पत्रिका है। पत्र लिखते समय हम अपने को व्यक्त करते हैं। जिसके लिए पत्र लिखा जाता है, उससे हमारी मानसिक दूरी कम से कम रहती है। 'विनयपत्रिका' के भी सभी पद शुद्ध गीति की सीमा में नहीं आते। प्रारम्भ में गणेश, शिव, दुर्गा, गंगा, यमुना, काशी, चित्रकूट, हनुमान, लक्ष्मण, भरत, शत्रुघ्न, सीता और राम की महिमा का गान किया गया है। इसमें कवि की निजी मनःस्थिति के चित्र नहीं हैं। विनयपत्रिका के अन्तिम पदों में तुलसी का व्यक्तित्व कुछ अधिक निखरा है। तुलसी के समय तक दास्य-भक्ति के भी शास्त्रीय विधि-निषेध बन चुके थे। 'विनयपत्रिका' का पर्याप्त अंश दास्य-भक्ति की शास्त्रीय मर्यादा की रक्षा में लग गया है। यहाँ भी कवि ने अपने को कलिमल-ग्रसित जीव की भूमिका में प्रस्तुत किया है। कहीं-कहीं यह भूमिका यथार्थता के अति निकट पहुँच गयी है और कवि की धूमिल छाया उभर आयी है। 'कैसे देऊँ नाथहिं खोरि', 'है प्रभु मेरोई सब दोसु', 'कहाँ जाऊँ? कासों कहौं? को सुनै दीन की', 'मैं तोहिं अब जान्यो संसार।' 'गरैगी जीह जो कहौं और को हौं।' 'मोहि मूढ़ मन बहुत बियोगो', 'कहा न कियो, कहाँ न गयो, सीस काहि न नायो?' आदि पदों में तुलसी का संघर्षरत व्यक्तित्व झाँक रहा है। तात्पर्य यह है कि वैयक्तिक अनुभूति की दृष्टि से 'विनयपत्रिका' का महत्त्व अन्य रचनाओं की तुलना में अधिक है।

---

1. तुलसीदास, डॉ. माताप्रसाद गुप्त, पृ. 373

'कवितावली' मुक्तक-रचना है। इसमें भी राम-कथा का आधार लिया गया है। इसकी रचना पर्याप्त लम्बी अवधि में हुई होगी। इसमें उत्तरकाण्ड में राम-कथा के वर्णन पर ध्यान नहीं दिया गया है। राम-महिमा का गान ही कवि का प्रधान लक्ष्य रहा है। इस काण्ड की दूसरी विशेषता कवि की आत्म-व्यंजना है। आत्म-व्यंजना और सामयिक परिस्थिति-चित्रों की दृष्टि से 'कवितावली' के उत्तरकाण्ड का महत्त्व पूरे तुलसी-साहित्य में सर्वाधिक है। उत्तरकाण्ड में 183 छन्द हैं। शेष सभी काण्डों की सम्मिलित छन्द संख्या भी इससे कम है। सन्तुलन का यह अभाव सिद्ध करता है कि यह एक संग्रह ग्रन्थ है। इसमें राम-कथा से सम्बद्ध पुरुष भावों को ही अधिक महत्त्व दिया गया है।

'दोहावली', 'वैराग्य-संदीपनी', 'बरवैरामायण' और 'रामाज्ञाप्रश्न'—ये सभी रचनाएँ मुक्तक शैली में ही हैं। दोहावली में नाम-माहात्म्य, धर्मोपदेश, नीति-कथन आदि का प्राधान्य है। वैराग्यसंदीपनी में सन्त स्वभाव और सन्त-महिमा का वर्णन किया गया है। 'रामाज्ञाप्रश्न' में राम-कथा के साथ ही शकुन-विचार की सामग्री भी प्रस्तुत की गयी है। इसका उद्देश्य शकुन-विचार ही है। काव्य कला की दृष्टि से 'बरवैरामायण' का विशेष महत्त्व है। यह रचना भी स्फुट छन्दों का संग्रह मात्र है। भाव और कला का इतना सुन्दर संयोग अन्यत्र दुर्लभ है।

अलंकार-योजना

तुलसी की प्रवृत्ति चमत्कार-प्रधान नहीं थी। इसीलिए अलंकारों के प्रति उनका आग्रह अधिक नहीं था, फिर भी काव्य में उनकी स्थिति उन्हें मान्य है। यदि उनका काव्य-विषय, 'राम-सीय-जस-सलिल है' तो 'उपमा' (अलंकरण) उस सलिल में 'मनोरम बीचि-विलास है।'[1] 'उपमा' का प्रयोग कवि ने व्यापक अर्थ में किया है। वह सभी प्रकार के अलंकारों का उपलक्षण है। उपमा का आधार सादृश्य है। अलंकारों की कल्पना के मूल में सादृश्य-भावना प्रधान रही है। इसलिए उपमा को 'अलंकार-शिरोरत्न' कहा गया है। यों तो तुलसी की रचनाओं में सभी अलंकार प्राप्त होते हैं किन्तु 'उपमा', 'रूपक', 'उत्प्रेक्षा', 'उदाहरण', 'प्रताप', 'उल्लेख', 'व्यतिरेक', 'अपह्नुति', 'मीलित', 'सम्भावना', 'सन्देह' आदि अलंकारों का प्रयोग सर्वाधिक हुआ है। तुलसी का सर्वप्रिय अलंकार रूपक है। 'रूपक' का प्रयोग वे वहीं करते हैं जहाँ कोई गम्भीर बात विशद और प्रभावोत्पादक ढंग से कहनी होती है। सादृश्य-मूलक अलंकारों का महत्त्व ही इसी बात में है कि वे कथ्य को एक सर्वविदित वस्तु के बिम्ब का आधार लेकर सर्व-सुलभ बना देते हैं। 'मानस' का सबसे बड़ा रूपक स्वयं

1. रामसीय जल सलिल सुधासम। उपमा बीचिबिलास मनोरम।

—मानस, बालकाण्ड

रामचरितमानस रूपक है। 'रामचरितमानस' (रामायण) के विविध वर्ण विषयों को सरोवर के विविध उपादानों के साथ रखकर देखा गया है। सरोवर और उसके उपादान सर्वविदित हैं। उनके माध्यम से कवि 'चरित-सरोवर' की कल्पना को अधिक सरलता से ग्राह्य बना सकता है।

तुलसी ने किसी अलंकार का प्रयोग मात्र प्रदर्शन के लिए नहीं किया है। कहीं किसी पात्र के स्वभाव की व्यंजना के लिए, कहीं किसी भाव की पूर्ण उद्दीप्ति के लिए, कहीं किसी चित्र को आकार देने के लिए, कहीं किसी सूक्ष्म भावना को स्थूल रूप में मूर्त करने के लिए, कहीं किसी परिस्थिति के महत्त्व को उभारने के लिए और कभी किसी एक ही व्यक्ति के प्रति विभिन्न व्यक्तियों की मनःस्थिति को व्यक्त करने के लिए उन्होंने विभिन्न अलंकारों का आधार लिया है। कुछ उदाहरणों से इस कथन की सत्यता सिद्ध हो जायेगी। 'दृष्टान्त' और 'उदाहरण' अलंकारों का प्रयोग प्रायः पात्र विशेष की सूक्ष्म स्वभावगत विशेषताओं के चित्रण के लिए किया गया है—

सहज सहल रघुबर बचन, कुमति कुटिल करि जान।
चलह जोंक जल वक्रगति जद्यपि सलिल समान।।

—दृष्टान्त

उपर्युक्त दोहे में कैकेयी की कुटिलता व्यक्त करना ही कवि को अभीष्ट है। इसलिए जोंक की वक्र गति का उदाहरण दिया गया है।

सखिन सहित हरषी अति रानी। सूखत धान परा जनु पानी।
सीय सुखहिं बरनिय केहि भाँती। जनु चातकी पाइ जलु स्वाती।।

—उत्प्रेक्षा

उपर्युक्त चौपाइयों में 'हर्ष' और 'सुख' की व्यंजना के लिए 'उत्प्रेक्षा' का आधार लिया गया है।

बालधी बिसाल बिकराल ज्वाल-जाल मानौं
लंक लीलिबे को काल रसना पसारी है।
x x x
तुलसी सुरेस चाप कैंधों दामिनी कलाप,
कैंधों चली मेरु तें कुसानु-सरि भारी है।

—सन्देह-गर्भित उत्प्रेक्षा

यहाँ ज्वाल-जाल युक्त विशाल बालधी की चित्र-कल्पना को साकार करने के लिए ही सन्देहगर्भित उत्प्रेक्षा का प्रयोग किया गया है।

कामहिं नारि पियारि जिमि, लोभिहिं प्रिय जिमि दाम।
त्यों रघुनाथ निरन्तर प्रिय लागहुँ मोहि राम।।
—उपमा

उपर्युक्त दोहे में राम के प्रति तुलसी की उष्ण और उत्कट प्रेम-भावना को मूर्त करने के लिए ही 'उपमा' का आधार लिया गया है। यहाँ 'धर्म' की समता का औचित्य उसकी उत्कटता के आधार पर ही सिद्ध किया जा सकता है।

पुनि आउब एहि बेरियाँ काली। अस कहि मन बिहसी एक आली।

उपर्युक्त चौपाई में 'काकुवक्रोक्ति' का प्रयोग किया गया है। यहाँ कवि का लक्ष्य एक विशिष्ट क्षण के महत्त्व को उभारना है। राम के भुवन-मोहन-सौन्दर्य के गम्भीर प्रभाव के कारण सीता आत्म-विस्मृति की स्थिति में हो गयी हैं। परिस्थिति की यह गम्भीरता चतुर सखी की उक्ति वक्रता से व्यंजित की गयी है।

देखहिं रूप महा रनधीरा। मनहुँ वीर रसु धरे सरीरा।
डरे कुटिल नृप प्रभुहिं निहारी। मनहुँ भयानक मूरति भारी।
रहे असुर छल छोनिप वेषा। तिन्ह प्रभु प्रगट काल सम देखा।
पुरबसिन्ह देखे दोउ भाई। नर-भूषन लोचन सुख दाई।।
—उल्लेख

उपर्युक्त चौपाइयों में उल्लेख अलंकार का अच्छा उदाहरण प्रस्तुत किया गया है। इसके द्वारा 'राम' के प्रति विभिन्न व्यक्तियों की भावना स्पष्ट हुई है।

उपर्युक्त विवेचन से प्रकट है कि तुलसी ने अलंकारों का प्रयोग परिस्थितिगत औचित्य को ध्यान में रखकर किया है। 'बरवैरामायण' में उनकी मनोवृत्ति कुछ अधिक कलात्मक हो गयी है। इसलिए उसके दो-एक छन्दों में चमत्कारप्रियता झलकती है।[1] कदाचित ऐसा इसलिए हुआ कि 'बरवैरामायण' का कोई गम्भीर उद्देश्य नहीं था। उसकी रचना अलंकारों को उदाहृत करने के लिए ही हुई होगी।

शब्द-संघटन एवं पद-विन्यास

भावानुभूति को सुन्दर ढंग से व्यक्त करने के लिए शब्द-संघटन पर ध्यान देना आवश्यक है। विशिष्ट पद-रचना का भाव-सौन्दर्य से अनिवार्य सम्बन्ध है। 'रीति' को काव्य की आत्मा मानने का यही रहस्य है। तुलसी का काव्य-विषय व्यापक,

1. बिविध बाहिनी बिलसति सहित अनन्त। जलधि सरिस को कहै राम भगवन्त।
—बरवैरामायण

गम्भीर तथा पूर्ण जीवन को व्यक्त करने में समर्थ है। अतः अनिवार्यतः उनके शब्द-संघटन का आधार भी व्यापक और गम्भीर है। आचार्य भिखारीदास ने तुलसी-साहित्य में विविध भाषा-शब्दों की स्थिति को उनके गौरव के अनुकूल माना है।[1] राजशेखर ने काव्यमीमांसा में काव्य-पुरुष की कल्पना करते हुए 'संस्कृत' को उसका मुख, 'प्राकृत' को बाहु, 'अपभ्रंश' को जघन, 'पैशाची' को पैर तथा भाषा के मिश्र रूप को उसका उरु बताया है।[2] इससे प्रकट है कि काव्य-पुरुष की कल्पना में भाषा की विविधता का महत्त्वपूर्ण स्थान मान्य है। इस दृष्टि से 'तुलसी' का महत्त्व हिन्दी-कवियों में अधिक बढ़ जाता है। उनके काव्यों में शुद्ध 'संस्कृत', 'प्राकृत', 'अपभ्रंश', 'ब्रजी', 'अवधी', 'बुन्देलखण्डी', 'राजस्थानी', 'भोजपुरी' और 'खड़ी बोली' आदि के साथ ही अरबी-फारसी जैसे विदेशी भाषा-शब्दों का प्रयोग भी हुआ है। आज भी हिन्दी-भाषा के कोश-निर्माण में उपर्युक्त सभी भाषाओं के शब्द-ग्रहण करना ही समीचीन माना गया है।

विषय के अनुकूल भाषा को समृद्ध करने के साथ ही भावानुकूल शब्द सौष्ठव पर भी तुलसी ने पर्याप्त ध्यान दिया है। 'श्रृंगार' रस की निष्पत्ति में माधुर्य गुण विशेष सहायक होता है। 'करुण' और 'शान्त' रसों की अभिव्यक्ति में भी यह उपकारक होता है। माधुर्य गुण के लिए 'ट' वर्ग के वर्ण 'र' के संयोग से बने शब्द तथा समास-बहुल पदावली वर्जित है। 'गीतावली' में कोमल भावों को ही प्रधानता दी गयी है। इसीलिए इस कृति में माधुर्य गुण-युक्त पदावली का ही प्रयोग किया गया है। ओज गुण-युक्त पदावली 'वीर', 'रौद्र' और 'वीभत्स' रसों के अनुकूल पड़ती है। 'कवितावली' पुरुष भावों से युक्त रचना है। अतः इसमें ओज गुण का प्राधान्य है। 'प्रसाद गुण' सामान्यतः सभी रसों का उपकारक है। 'मानस' में प्रसाद गुण पर पर्याप्त ध्यान दिया गया है, यों इस महान कृति की भाषा में सभी गुण मिल जाते हैं, क्योंकि इसमें सभी रसों की निष्पत्ति हुई है।

डॉ. रामकुमार वर्मा ने तुलसी की पद-रचना सम्बन्धी एक अन्य विशेषता की ओर भी ध्यान आकृष्ट किया है। वे वर्ण-मैत्री के आधार पर अर्थ-चमत्कार उत्पन्न करने की बात कहते हैं। उदाहरण के लिए—

---

1. तुलसी गंग दुवौ भए सुकबिन के सरदार।
   इनके काव्यन में मिली भाषा बिबिध प्रकार।।

   —भिखारीदास।

2. 'शब्दार्थौ ते शरीरं, संस्कृत मुखं, प्राकृतं बाहुः,
   जघनमप्रभंशः पैशाचं पादौ, उरो मिश्रम्।

   —काव्यमीमांसा, ओरियण्टल इन्स्टीट्यूट, बड़ौदा, पृ. 06

जौं पटतरिय तीय महँ सीया। जग अस जुबति कहाँ कमनीया।
गिरा मुखर तनु अरध भवानी। रति अति दुखित अतनु पति जानी।।[1]

इन चौपाइयों में कवि सरस्वती, पार्वती और रति—तीनों को सीता से हीन (लघु) प्रदर्शित करना चाहता है। अतः उसने तीनों के साथ लघु वर्णों की योजना की है। वर्ण-मैत्री का यह स्पष्ट रूप साभिप्राय प्रस्तुत किया गया होगा, ऐसा नहीं कहा जा सकता। अन्यत्र भी उपमानों को हीन दिखाया गया है, किन्तु सर्वत्र ऐसी विशेषता नहीं लायी गयी है। जो कुछ भी हो, यह तो मानना ही होगा कि तुलसी को भाषा पर अपार अधिकार है। मध्य-युग का अन्य कोई कवि भाषा की इतनी शक्ति लेकर काव्य-क्षेत्र में अवतीर्ण नहीं हुआ था। शब्द-भण्डार की विशालता के साथ ही कथ्य के अनुकूल वाक्य-विन्यास, शब्द-चयन, लोकोक्तियों और मुहावरों का उचित प्रयोग, नाद-सौन्दर्य एवं चित्रमयता तुलसी की भाषा की प्रमुख विशेषताएँ हैं।

कुछ उदाहरण लीजिए—

सहज वाक्य-विन्यास—

अवधेस के द्वारे सकारे गई,
सुत गोद कै भूपति लै निकसे।

—कवितावली

मुहावरों का प्रयोग

रेख खँचाइ कहउँ बलु भाषी। भामिनि भइहु दूध कइ माखी।

—मानस

शब्द चयन

फटिक सिला मृदु बिसाल संकुल सुततरु तमाल
ललित लता जाल हरित छवि-बितान की।

—गीतावली

नाद-सौन्दर्य

कंकन किंकिन नुपूर धुनि सुनि

—मानस

---

1. गिरा-मुखर (मुखर शब्द में सभी अक्षर लघु हैं।)
भवानी-तनु अरध (इसमें भी सभी अक्षर लघु हैं।)
रति-अति दुखित अतनु पति जानी। (तुकान्त को छोड़कर सभी अक्षर लघु हैं।)
—हिन्दी साहित्य का आलोचनात्मक इतिहास, पृ. 461

चित्रमयता

सुभग सरसन सायक जोरे।
खेलत राम फिरत मृगया बन बसति सो मृदु मूरित मन मोरे।
पीत बसन कटि, चारु चारि सर, चलत कोटि नट सो तृन-तोरे।
स्यामल तनु स्रम-कन राजत ज्यों नव घन सुधा-सरोवर खोरे।
ललित कंध, बर भुज, बिसाल उर, लेहि कंठ रेखें चित चोरे।
अवलोकत मुख देत परम सुख लेत सरद-ससि की छबि छोरे।
जटा मुकुट सिर सारस नयननि गौंहे तकत सुभौंह सकोरे।
सोभा अमित समाति न कानन, उमगि चली चहुँ दिसि मिति फोरे।
चितवत-चकित कुरंग-कुरंगिनि सब भए मगन मदन के भोरे।
तुलसिदास प्रभु बान न मोचत, सहज सुभाय प्रेम बस थोरे।

—गीतावली

छन्द योजना

तुलसी ने अपनी कृतियों में विविध प्रकार के मात्रिक और वार्णिक वृत्तों का प्रयोग किया है। यद्यपि उनकी प्रवृत्ति छन्दों के वैविध्य-प्रदर्शन की नहीं थी, किन्तु उनकी सभी रचनाओं में कुल मिलाकर लगभग 28 प्रकार के छन्द प्रयुक्त हुए हैं।

रामचरितमानस में

दोहा, सोरठा, चौपाई, चौपैया, तोमर, डिल्ला, त्रिभंगी, हरिगीतिका आदि मात्रिक तथा अनुष्टुप (श्लोक), इन्द्रवज्रा, तोटक, नगस्वरूपिणी, भुजंगप्रयात, मालिनी, रथोद्धता, बसंततिलका, वंशस्थ, शार्दूल-विक्रीड़ित, स्रग्धरा आदि वार्णिक वृत्तों का प्रयोग हुआ है।

'कवितावली' में

कवित्त, छप्पय, सवैया और झूलना का प्रयोग किया गया है। 'बाहुक' में—घनाक्षरी, छप्पय, मत्तगयन्द और झूलना छन्द प्रयुक्त हैं। बरवैरामायण में—'बरवै' छन्द प्रयुक्त है।

जानकीमंगल और पार्वतीमंगल में अरुण और हरिगीतिका का प्रयोग हुआ है। रामललानहछू में सोहर छन्द प्रयुक्त है।

रामाज्ञाप्रश्न, सतसई और दोहावली में दोहा छन्द प्रयुक्त है। वैराग्यसंदीपनी में सोरठा और चौपाई का प्रयोग हुआ है। गीतावली, श्रीकृष्ण गीतावली और विनयपत्रिका पद शैली में लिखी गयी हैं। इनकी रचना राग-रागिनियों के आधार पर हुई है। छन्द शास्त्र की दृष्टि से देखा जाय तो इन पदों में कई प्रकार के छन्दों का आभास हो

सकता है। इस प्रकार यह तो निर्विवाद है कि तुलसी को छन्द-शास्त्र का अच्छा ज्ञान था। उन्होंने कुछ सोच-समझकर ही कहा था—

आखर अरथ अलंकृत नाना। छन्द प्रबन्ध अनेक बखाना।
भाव-भेद रस-भेद अपारा। कवित दोष-गुन बिबिध प्रकारा।

उन्हें काव्य-शास्त्र के विविध अंगों का पूर्ण ज्ञान था किन्तु इनका प्रदर्शन उनका ध्येय नहीं था। उन्होंने वर्ण्य-विषय को दृष्टि में रखकर उसके अनुकूल ही छन्दों का प्रयोग किया है। उनका एक मात्र उद्देश्य अभिव्यक्ति की पूर्णता है। भाषा, शैली, छन्द, गुण, रीति, अलंकार, उक्ति-वैचित्र्य—ये सभी उसकी पूर्णता में सहायक हैं।

इसलिए समर्थ कवि की रचना में ये स्वतः साधन बनकर उपस्थित होते हैं। रस-सिद्ध कवि तुलसी की राम-भ्रमर भूषित कविता-मंजरी में भी ये सभी उपकरण अभिव्यक्ति को पूर्ण और सुन्दर बनाने के लिए सहज रूप में संघटित हैं।

तुलसीदास और कबीर

मध्यकालीन (भक्तिकालीन) हिन्दी काव्य-धारा दो उपधाराओं में प्रवाहित हुई थी—'निर्गुण' और 'सगुण'। निर्गुण धारा के प्रतिनिधि कवि कबीरदास थे और सगुण धारा के तुलसीदास। सामान्यतः यह समझा जाता है कि इन दोनों कवियों का व्यक्तित्व एक-दूसरे से सर्वथा भिन्न था किन्तु तत्त्वतः ऐसा है नहीं। दोनों में समानताएँ अधिक हैं और विषमताएँ कम। पहले आप समानताओं पर ध्यान दीजिए। दोनों ही भक्त हैं। निर्गुण और सगुण तो धाराएँ हैं, मूल वस्तु है—भक्ति। अब आप दोनों के इष्टदेवों को लीजिए। कबीर के इष्टदेव—राम हैं। यों वे राम और रहीम, केशव और करीम, ईश्वर और खुदा में भेद नहीं मानते थे किन्तु उनके हृदय में राम ही बसे थे। उन्होंने कहा है—जो कबिरा काशी मरै, रामहिं कौन निहोर; जस काशी तस मगहा ऊसर, हृदय राम जो होय। इससे स्पष्ट है कि कबीर के हृदय में राम ही बसते थे। जहाँ तक तुलसीदास का प्रश्न है, वे तो राम-भक्त के रूप में प्रसिद्ध ही हैं। तुलसीदास के समय में काशी के प्रख्यात विद्वान् मधुसूदन सरस्वती ने कहा है—"आनन्द कानने आस्मिन् तुलसी जंगमस्तरूः। कविता मंजरी यस्य राम भ्रमर 'भूषिता'।"

तीसरी समानता है—एक भक्त के रूप में अपने गुरुओं को महत्त्व देना। कबीर ने 35 साखियों में अपने गुरु की गरिमा का वर्णन किया है। लिखा है—

सतगुरु की महिमा अनँत, अनँत किया उपकार।
लोचन अनँत उघाड़िया, अनँत दिखावणहार।।

तुलसीदास ने पाँच छन्दों में गुरु के महत्त्व का अंकन किया है। लिखा है—

वंदउँ गुरु पद पदुम परागा। सुरुचि सुवास सरस अनुरागा।
अमिय मूरिमय चूरन चारू। समन सकल भव रुज परिवारू।।

चौथी समानता है–नाम स्मरण। कबीरदास ने 76 साखियों में 'नाम' का स्मरण किया है। कहा है–

भगति भजन हरि नाँव है, दूजा दुक्ख अपार।
मनसा वाचा क्रमनाँ, कबीर सुमिरण सार।।

तुलसीदास ने नाम-स्मरण को कम महत्त्व नहीं दिया है। वे कहते हैं–

एहि महँ (रामचरितमानस में) रघुपति नाम उदारा।
अति पावन पुरान श्रुति सारा।।

"अर्थात् इसमें रघुनाथ जी का उदार नाम है, जो अत्यन्त पवित्र है, वेद-पुराणों का सार है, कल्याण का भवन है और अमंगलों को हरने वाला है, जिसे पार्वती जी सहित भगवान शिव जी सदा जपा करते हैं।" यही नहीं, विनयपत्रिका में तो वे यहाँ तक कह जाते हैं–

राम जपु जीह। जानि, प्रीति सों प्रतीत मानि,
राम नाम जंपे जैहै जियकी जरनि।
राम नाम सों रहनि, रामनाम की कहनि
कुटिल कलि-मल-सोक-संकट-हरनि।।1।।
x x x
नाम-रति कामधेनु तुलसी को काम तरु,
राम नाम है विसोह-तिमिर-तरनि

अन्तिम पंक्ति पर ध्यान दीजिए–
तुलसीदास यहाँ तक कह गये हैं कि राम-नाम 'अज्ञान' के अन्धकार को दूर करने के लिए साक्षात् 'सूर्य' है।

पाँचवीं समानता है–'नारी को हेय मानना।'

कबीर ने लिखा है–

एक कनक अरु कामनी, विष फल कीएउ पाइ।
देखे ही ले विष चढ़ै, खाँये सूँ मरि जाइ।।
एक कनक अरु काँमनी, दोऊ अगनि की झाल।
देखे ही तन प्रजलै, परस्याँ ह्वै पैमाल।
–(कबीर समग्र–संपादक डॉ. युगेश्वर, पृ. 286)

'तुलसी' ने भी नारी के सम्बन्ध में ऐसी ही धारणा व्यक्त की है। उनकी अहल्या अपना परिचय देते हुए कहती है–

मैं नारि अपावन प्रभु जग-पावन-रावन-रिपु जन-सुख दाई।
राजीव विलोचन भव-भय मोचन पाहि-पाहि सरनहिं आई।
मुनि श्राप जो दीन्हा अतिभल कीन्हा परम अनुग्रह मैं माना।
देखेऊँ भरि लोचन हरि भव मोचन, इहइ लाभ संकर जाना।
विनती प्रभु मोरी मैं मनि भोरी नाथ न मागउँ वर आना।।
पद-कमल परागा रस अनुरागा मम मन-मधुप करै पाना।।

–रामचरितमानस, पृ. 209

शबरी अपना परिचय देते हुए कहती है–

अधम ते अधम अधम अति नारी।
तिन महँ मति मंद गँवारी।।
कह रघुपति सुनु भामिनि वाता। मानउँ एक भगति कर नाता।
x x x
भगति हीन नर सोहइ कैसा। बिनु जल वारिद देखिय जैसा।

–रामचरितमानस, अरण्यकाण्ड, पृ. 640

नारी के सम्बन्ध में तुलसीदास ने समुद्र से तो यह कहवाया ही है–

ढोल गँवार क्षूद्र पशु नारी। ये सब ताड़न के अधिकारी।

रावण–द्वारा मन्दोदरी से भी कहवाया है–

नारी सुभाव सत्य कवि कहहीं। अवगुन आठ सदा उर रहहीं।
साहस अनृत चपलता माया। भय अविवेक असौच अछाया।।

–रामचरित मानस, लंका काण्ड, पृ. 753

छठी समानता है–आदर्श मानव के स्वरूप की अवधारणा। कबीर ने निष्कामी, लोभ-रहित, इन्द्रिय-निग्रह को महत्त्व देने वाले, निस्पृह समस्त भेद-भाव से ऊपर आदि गुणों से युक्त मनुष्य को आदर्श के रूप में कल्पित किया है। तुलसीदास ने अपने आदर्श पात्रों–राम, भरत, कौशल्या, सीता आदि के माध्यम से पूर्ण मनुष्यता की चरितार्थता दिखाई है। इस दृष्टि से दोनों की मानसिक संस्कृति एक जैसी है।

सातवीं समानता है–सत्ता के प्रति उदासीनता। कबीर के समय में सिकन्दर लोदी दिल्ली का बादशाह था। वह निरंकुश शासक था। कबीर मुल्लाओं और काजियों की निन्दा करते थे। जाहिर है कि काजियों ने कबीर की सिकन्दर लोदी से शिकायत

की होगी। कबीर के विषय में कहा जाता है कि उन्हें तरह-तरह के दण्ड दिये गये थे। यहाँ तक कि लौह-शृंखलाओं में बाँधकर गंगा में डुबो दिया गया था। किन्तु उनका बालबाँका नहीं हुआ था। वे हँसते-मुस्कराते बाहर निकल आये थे। इसमें इतना तो अवश्य सत्य होगा कि कबीर को सत्ता की ओर से दण्डित किया गया था। तुलसीदास ने तो स्पष्ट ही अकबर के आमन्त्रण को अस्वीकार कर दिया था। उन्होंने कहा भी है–

हौं तो चाकर राम को, पटो लिखा दरबार।
अब तुलसी क्या होंहिगे नर के मनसवदार।।

कहा जाता है कि अकबर ने 'रहीम' के माध्यम से तुलसी को आमन्त्रित किया था। उत्तर में तुलसी ने उपर्युक्त पंक्तियाँ लिख भेजी थीं। यों भी सन्त कवि सत्ता से दूर ही रहना चाहते थे। यह उक्ति प्रसिद्ध है–

संतन को कहा सीकरी से काम।
आवत-जात पनहिया टूटिहै, विसरि जाइ हरिनाम।।

आठवीं समानता माया की अवधारणा को लेकर देखी जा सकती है। कबीर ने 'माया' के सम्बन्ध में लगभग 32 साखियाँ कही हैं। वे कहते हैं–

जग कुटवाड़ा स्वाद ठग, माया वेसाँ लाइ।
रामचरन नीकाँ गही, जिनि जाइ जनम ठगाइ।।

अर्थात् यह संसार एक बाजार है। यहाँ स्वाद रूपी ठग घूमते रहते हैं। माया वेश्या है जो काम के स्वाद का लोभ देकर सबको भ्रमित कर देती है। जिन्होंने राम के चरण गह लिए हैं, वे इसके फंदे में नहीं आते। तुलसीदास ने भी अविद्या माया का तिरस्कार किया है। वे मानते हैं कि अविद्या माया ब्रह्म और जीव के मिलन में बाधक होती है। राम और लक्ष्मण के बीच चलती हुई सीता के लिए वे कहते हैं।

उभय मध्य सिय सोहति कैसे। ब्रह्म जीव विच माया जैसे।।

–रामचरितमानस, अयोध्याकाण्ड, पृ. 431

समानताएँ और भी हैं जैसे 'सती' और 'पतिव्रता' सम्बन्धी अवधारणा। कबीर अपने को प्रिया और 'राम' को पति के रूप में देखते हैं। राम के प्रति उनका प्रेम एकनिष्ठ है। वे अपनी समता एक पतिव्रता स्त्री से करते हैं। तुलसीदास ने पतिव्रता को जो महत्त्व दिया है, वह कहने की वस्तु नहीं। 'मानस' का अनसूया-सीता मिलन प्रसिद्ध है। अनसूया ने सीता को पातिव्रत धर्म की महिमा समझायी है। यहाँ तक कहा है–

वृद्ध, रोगवस, जड़, धनहीना। अंध, बधिर, क्रोधी, अति दीना।
ऐसेहु पति कर किएँ अपमाना। नारि पाव जमपुर दुःख नाना।।

इससे अधिक पातिव्रत धर्म की महत्ता के विषय में और क्या कहा जा सकता है।

यहाँ हमारा प्रतिपाद्य तुलसी और कबीर की समानताओं का विशद अध्ययन नहीं है। मैं मात्र यह कहना चाहता हूँ कि तुलसीदास और कबीर की समानताओं की ओर हिन्दी-जगत् का ध्यान नहीं गया है। आचार्य शुक्ल ने अपने इतिहास में सुविधा के लिए दोनों को अलग-अलग रख दिया है। फिर किसी ने यह ध्यान नहीं दिया कि आखिर दोनों भक्त हैं तो उनमें समानताएँ भी होंगी।

औचित्य-सिद्धान्त और तुलसी का काव्य

समाज की स्थिति, पोषण, व्यवस्था और विकास के लिए उचित का ग्रहण और अनुचित का त्याग अनिवार्य है। सामाजिक मूल्यों का विकास औचित्य की धारणा के आधार पर ही हुआ है। मानव का प्रत्येक क्रिया-कलाप अपना औचित्य प्रमाणित करके ही व्यापक समर्थन प्राप्त करता है। औचित्य परम मूल्य है। औचित्य से च्युत न होने के कारण ही भगवान 'अच्युत' हैं। मर्यादा पुरुषोत्तम राम का चरित्र औचित्य की सीमा है। महात्मा तुलसीदास राम के अनन्य उपासक हैं। राम की उपासना औचित्य की उपासना है। तुलसी की कविता-मंजरी राम-भ्रमर-भूषित एवं औचित्य से अलंकृत है।

भारतीय काव्य-मीमांसा के क्षेत्र में औचित्य-सिद्धान्त के प्रतिपादक आचार्य क्षेमेन्द्र हैं। क्षेमेन्द्र से पूर्व भी काव्य-शास्त्र के क्षेत्र में औचित्य की धारणा विद्यमान थी। विद्वानों ने आचार्य भरत, भामह, दण्डी, यशोवर्मा, भट्ट, लोल्लट, रूद्रट, आनन्दवर्धन, भोजराज, कुन्तक और महिमभट्ट—इन सभी को किसी न किसी रूप में औचित्य-प्रतिपादक प्रमाणित किया है। अभिनवगुप्त ने औचित्य का महत्त्व स्वीकार करते हुए भी उसे काव्य की आत्मा मानने का विरोध किया है। आचार्य भरत, भामह और दण्डी ने 'औचित्य' शब्द का प्रयोग नहीं किया है किन्तु उनके सिद्धान्त प्रतिपादन में औचित्य का आधार लक्षित होता है। तात्पर्य यह कि आचार्य क्षेमेन्द्र के पूर्व अनेक आचार्यों ने औचित्य की चर्चा की थी। औचित्य को एक पूर्ण काव्य-सिद्धान्त के रूप में प्रतिष्ठित करने का श्रेय आचार्य क्षेमेन्द्र को प्राप्त है।

आचार्य क्षेमेन्द्र ने 'पद', 'वाक्य', 'प्रबन्धार्थ', 'गुण', 'अलंकार', 'रस', 'क्रिया', 'कारक', 'लिंग', 'विशेषण', 'उपसर्ग', 'निपात', 'काल', 'देश', 'कुल', 'व्रत', 'तत्त्व', 'सत्त्व', 'अभिप्राय', 'स्वभाव', 'सार-संग्रह', 'प्रतिभा', 'अवस्थ', 'विचार', 'नाम' और

'आशीर्वाद' औचित्य इन 27 भेदों का विवेचन किया है।[1] साथ ही यह भी कह दिया है कि इसी प्रकार अन्य काव्यांगों में भी औचित्य का ऊह (कल्पना) कर लेना चाहिए। इस प्रकार आचार्य ने औचित्य के भेद-विस्तार की सम्भावना का द्वार मुक्त कर दिया है। यहाँ यह भी ध्यान रखना चाहिए कि औचित्य के प्रत्येक भेद का प्रतिपादन करते हुए आचार्य ने उसके अनौचित्य पर भी विचार किया है और औचित्य के समानान्तर अनौचित्य का भी उदाहरण प्रस्तुत किया है। उपर्युक्त 27 भेदों में तत्त्व (यथावत् वस्तु-वर्णन), सत्त्व (सत्त्व के अनुरूप वर्णन), अभिप्राय (तात्पर्य व्यंजक वाक्य), स्वभाव (प्रकृतिकथन), सार-संग्रह (निष्कर्ष कथन), प्रतिभा (नवोन्मेष), अवस्था (वयः क्रम के अनुरूप वर्णन), विचार (सन्दर्भ के अनुकूल विचार), नाम (प्रतिपाद्य विषय के अनुकूल नाम प्रयोग), और आशीर्वाद (आशीर्वाद-कथन में उचित शब्द-प्रयोग) ये दश ऐसे भेद हैं, जिनका प्रतिपादन सर्वथा मौलिक है। शेष भेदों का उल्लेख किसी न किसी रूप में पूर्ववर्ती आचार्यों द्वारा हो चुका था। आचार्य क्षेमेन्द्र ने उन पर नवीन दृष्टिकोण से विचार किया है। औचित्य-सिद्धान्त का विस्तृत विवेचन हमारा प्रतिपाद्य नहीं है। यहाँ हम मात्र यह दिखाना चाहेंगे कि महात्मा तुलसीदास के काव्य में पद-पद पर औचित्य का निर्वाह हुआ है और औचित्य के उपर्युक्त समस्त भेदों को उनके काव्य से उदाहृत किया जा सकता है। तुलसीदास ने यह कहकर कि 'जिस प्रकार चन्द्रमुखी युवती सब प्रकार के अलंकारों से युक्त होकर भी वस्त्र के बिना शोभा प्राप्त नहीं करती उसी प्रकार श्रेष्ठ कवियों द्वारा रचित विचित्र उक्तियों से युक्त कविता भी रामनाम के अभाव में शोभा प्राप्त नहीं करती' प्रकारान्तर से काव्य में औचित्य के महत्त्व का ही प्रतिपादन किया है। काव्य को राममय करना उसे औचित्य से अलंकृत करना है। बालकाण्ड के प्रारम्भ में वन्दना-प्रकरण के अन्तर्गत तुलसी ने विस्तार से यह प्रतिपादित किया है कि संसार गुण-दोषमय है। विवेकशील व्यक्ति अनुचित का त्याग और उचित का संग्रह करते हैं। वे कहते हैं–

जड़-चेतना गुन-दोषमय विस्व कीन्ह करतार।
संत हंस गुन गहहिं प्य परिहरि वारि विकार।

---

1. पदे वाक्ये प्रबन्धाये गुणेऽलङ्करणे रसे।
क्रियायां कारके लिङ्गे वचने च विशेषणे।।
उपसर्गे निपाते व कालेदेशे कुल व्रते।
तच्चे सत्त्वेऽस्यभिप्राये स्वभावे सारसंग्रहे।।
प्रतिभायामवस्थायां विचारे नाम्यथाशिषि।
काव्यस्याङ्गेषु च प्राहुरौचित्यं व्यापि जीवितम्।।
–औचित्यविचार-चर्चा, श्लोक 8, 9, 10

सम्पूर्ण राम-कथा 'विधि-निषेधमय' है। यह विधि और निषेध या विहित और अविहित का प्रश्न उचित और अनुचित का ही प्रश्न है। राम और रावण के चरित्रों के माध्यम से तुलसी ने जीवन के सभी क्षेत्रों में आचरणीय और अनाचरणीय या ग्राह्य और अग्राह्य प्रवृत्तियों का ही निदर्शन किया है। इसलिए यह निर्भ्रान्त रूप से कहा जा सकता है कि तुलसी की जीवन-दृष्टि औचित्यमय है। उनके काव्य में 'रस', 'अलंकार', 'गुण', 'रीति', 'वक्रोक्ति', 'ध्वनि', 'पद', 'नाम', 'विशेषण', 'स्वभाव', 'देश', 'काल', 'सत्त्व', 'विचार' आदि के अतिरिक्त अन्य रूपों में भी औचित्य का निर्वाह हुआ है। तुलसी के काव्य के आधार पर औचित्य-सिद्धान्त का पुनराख्यान किया जा सकता है। उनके काव्य के सन्दर्भ में आचार्य क्षेमेन्द्र की यह उक्ति—'उचितं प्राहुराचार्याः सदृशं किल यस्य यत्। उचितस्य च यो भावस्तदौचित्यं प्रचक्षते'—पूर्णतः चरितार्थ होती है।

यहाँ तुलसी के काव्य में औचित्य के समस्त भेदों को लक्षित करना हमारा उद्देश्य नहीं है। यह कार्य एक विस्तृत समीक्षा-ग्रन्थ लिखकर ही पूरा किया जा सकता है। हम औचित्य के कुछ भेदों को—विशेषतः ऐसे भेदों को जिन्हें आचार्य क्षेमेन्द्र की मौलिक उद्भावना के रूप में स्वीकार किया गया है—उदाहृत करके तुलसी की औचित्य-दृष्टि का मूल्यांकन करना चाहेंगे।

'तत्त्व', 'सत्त्व', 'अभिप्राय', 'स्वभाव', 'सार-संग्रह', 'प्रतिभा', 'विचार', 'नाम' और 'आशीर्वाद' औचित्य के ये दश भेद आचार्य क्षेमेन्द्र की मौलिक देन के रूप में स्वीकार किये गये हैं। हम तुलसीदास के काव्य में इनकी स्थिति पर विचार करना चाहेंगे।

'तत्त्व' के औचित्य से तात्पर्य 'वस्तु के अनुरूप कथन' से है। 'वस्तु' का ऐसा कथन जो यथार्थ पर आधृत होने के कारण विश्वसनीय एवं मान्य हो तत्त्वौचित्य कहा जाता है। उदाहरणार्थ मुनि वशिष्ठ का यह कथन देखिये—

सत्यसंघ पालक श्रुति सेतू। राम जनमु जग मंगल हेतू।।
गुरु पितु मातु वचन अनुसारी। खल-दल-दलन देवहितकारी।।

उपर्युक्त कथन राम के सम्बन्ध में है। राम की जिन विशेषताओं का उल्लेख किया गया है, उनमें से प्रत्येक को 'रामचरितमानस' के आधार पर उदाहृत किया जा सकता है। राम सत्यप्रतिज्ञ हैं, वेद की मर्यादा के रक्षक हैं, उनका जन्म संसार के कल्याण के लिए हुआ है, वे गुरु, माता और पिता की आज्ञा का पालन करने वाले हैं, वे दुष्टों का संहार करने वाले और देवताओं के हितैषी हैं। राम के सम्बन्ध में यह 'तत्त्व-कथन' पूर्णतः उचित है।

सत्त्व के औचित्य से तात्पर्य सत्त्व के अनुरूप वर्णन से है। 'सत्त्व' से तात्पर्य अन्तर्बल से है। भरत के सत्त्व की अभिव्यक्ति करते हुए 'रामचरितमानस' में कहा

गया है–

भरतहि होइ़ न राजमद विधि हरि हर पद पाइ।
कबहुँ कि कांजी सीकरनि छीरसिंधु बिनसाइ।

यदि इस प्रकार की उक्ति भरत के सम्बन्ध में न कहकर किसी अन्य के सम्बन्ध में कही गयी होती तो अनौचित्य होता। भरत तो औचित्य के प्रतिरूप ही हैं। सूर्यवंश रूपी सरोवर में हंस रूप जन्म लेकर गुण-दोष का विभाग करने वाले भरत के सत्त्व का उचित प्रतिपादन 'रामचरितमानस' में अनेक अवसरों पर हुआ है।

अभिप्रायौचित्य का अर्थ तात्पर्य-व्यंजक उचित कथन है। जीवन में ऐसे अवसर आते हैं जब हम अपना अभिप्राय सीधे नहीं कहना चाहते। हम कुछ ऐसी बात कहते हैं जिससे हमारे अभिप्राय की व्यंजना हो जाती है। यदि यह व्यंजना मार्मिक चमत्कारिक एवं वक्ता के व्यक्तित्व के अनुकूल हुई तो श्रोता मुग्ध हो जाते हैं। काव्य में ऐसी ही उक्ति को 'अभिप्रायौचित्य' कहते हैं। 'रामचरितमानस' में ऐसे उदाहरणों की कमी नहीं है। वनपथ पर गमन करती हुई सीता से ग्राम-वधुयें पूछ बैठती हैं–

कोटि मनोज लजावनिहारे। सुमुखि कहहु को आहिं तुम्हारे।।

सीता असमंजस में पड़ जाती हैं। उत्तर न देने पर ग्रामवधुओं को दुःख होता। उत्तर तो देना ही है, किन्तु सीधे राम को अपना पति कहना भी उचित नहीं है। कुछ ऐसा कहा जाय, जिससे अभिप्राय-व्यंजना हो जाय। वे कहती हैं–

सहज सुभाय सुभग तनु गोरे। नामु लखनु लघु देवर मोरे।।

जो पूछा गया उसका उत्तर नहीं दिया गया, किन्तु जो उत्तर दिया गया उससे उस प्रश्न का समाधान हो गया। सीता के अभिप्राय की उचित व्यंजना ऊपर की चौपाई में हो गयी है। इसके बाद सीता ने आंगिक चेष्टाओं से शाब्दिक अभिप्राय-व्यंजना की पुष्टि कर दी है। इन चेष्टाओं का शृंगार-रस के औचित्य की दृष्टि से कितना महत्त्व है, यह कहने की आवश्यकता नहीं। पूरा प्रकरण शृंगार रसौचित्य का सुन्दर उदाहरण है। यहाँ हम 'अभिप्रायौचित्य' की चर्चा तक ही अपने को सीमित रखेंगे।

'स्वभावौचित्य' से तात्पर्य स्वभाव के अनुरूप वर्णन से है। इसका निरूपण करते हुए आचार्य ने कहा है कि प्रकृत्यनुरूप वर्णन काव्य के सौन्दर्य को उसी प्रकार बढ़ा देता है, जिस प्रकार अकृत्रिम और अनन्य सामान्य लावण्य नायिका का 'गीतावली' में मृगया खेलते हुए राम का वर्णन देखिये–

सुभग सरासन सायक जोरे।

खेलत राम फिरत मृगया बन बसति जो मृदु मूरति मन मोरे।
पीत बसन कटि चारु चारि सर, चलत कोटि नट सो तृन तोरे।
स्यामल तनु स्रम-कन राजत ज्यों नव घन सुधा-सरोवर खोरे।
ललित कंध, बर, भुज, विसाल उर, लेहि कंठ रेखैं चित चोरे।
अवलोकत मुख देत परम सुख लेत सरद-ससि की छबि छोरे।
जटा-मुकुट सिर सारंग-नयननि गौं हैं तकत सुभौंह सकोरे।
सोभा अमित समाति न कानन, उमगि चली चहुँ दिसि मिति फोरे।

'गौं हैं तकत सुभौंह सकोरे' में दूरवर्ती लक्ष्य को देखने की स्वाभाविक मुद्रा का जो अंकन है, वह अन्यत्र दुर्लभ है।

'सार संग्रहौचित्य' से तात्पर्य उचित निष्कर्ष कथन से है। काव्य में ऐसे अवसर भी आते हैं जब नीति, धर्म, व्यवस्था आदि के सम्बन्ध में निर्णयात्मक उक्ति कहनी पड़ती है। ऐसी उक्तियाँ विविध मत-मतान्तरों के मंथन से प्राप्त होती हैं। विस्तृत विचार-विमर्श का अवसर काव्य में प्रायः नहीं उपलब्ध होता। काव्य का सहृदय पाठक नीति और धर्म-चर्चा का प्रसंग आने पर अन्तिम निष्कर्ष सुनना चाहता है। तुलसीदास ने 'रामचरितमानस' को नाना-पुराण-निगमागम-सम्मत बनाने के प्रयत्न में जो सार-संग्रह किया है, उससे विज्ञ पाठक परिचित हैं। एक उदाहरण अप्रासंगिक न होगा। उत्तरकाण्ड में असन्तों के लक्षण-निरूपण के प्रसंग में धर्म का सार बताते हुए भगवान राम कहते हैं–

परहित सरिस धर्म नहिं भाई। पर पीड़ा सम नहिं अधमाई।
निर्नय सकल पुरान बेद कर। कहेउँ तात जानहिं कोबिद नर।।

धर्म और अधर्म जैसे तात्त्विक विषय के सम्बन्ध में एक वाक्य में स्पष्ट सार-कथन द्वारा तुलसीदास ने 'सारसंग्रहौचित्य' का सुन्दर उदाहरण प्रस्तुत किया है। काव्य में 'प्रतिभौचित्य' से तात्पर्य अवसर के अनुकूल नवीन कल्पना के उन्मेष द्वारा काव्य-सौन्दर्य वृद्धि से है। प्रतिभा को आचार्यों ने काव्य का मूल प्रेरक उपादान स्वीकार किया है। नवीन प्रसंगों की उद्भावना तथा वर्ण्य-वस्तु के मार्मिक एवं प्रभावपूर्ण चित्रण के लिए मर्मग्राही अप्रस्तुत-विधान करने में प्रतिभा का सर्वाधिक महत्त्व लक्षित होता है। प्रतिभा कल्पना को सम्भावना की सीमा से बाहर ले जाकर काव्य को प्रभावहीन और उपहास्यास्पद भी बना सकती है। अतः प्रतिभा के सन्दर्भ में भी औचित्य और अनौचित्य का प्रश्न उठ सकता है। आचार्य क्षेमेन्द्र का कहना है कि जिस प्रकार गुणवान् व्यक्ति का विमल वंश ऐश्वर्य से और भी विभूषित हो उठता है, उसी प्रकार प्रतिभा के उचित सन्निवेश से सामान्य रूप से अलंकृत काव्य और भी सौन्दर्य-समृद्ध हो जाता है। तुलसी की औचित्यपूर्ण नवीन कल्पना का उन्मेष

देखना हो तो एक बार बरवै रामायण के दीप्तिपूर्ण चित्रों को देख जाइये। राम की काम से समता करते हुए तुलसी कहते हैं–

साधु सुशील सुमति सुचि सरल सुभाव।
राम नीति-रत काम कहा यह पाव?

राम साधु हैं, सुशील हैं, बुद्धिमान हैं, पवित्रात्मा हैं, सहज स्वभाव वाले हैं और नीतिरत हैं। भला काम इन गुणों को कहाँ प्राप्त कर सकता है? काम अनंग है इसलिए आंगिक सौन्दर्य की दृष्टि से राम की समता का तो प्रश्न ही नहीं उठता। हाँ, मानसिक सौन्दर्य का प्रश्न उठ सकता है; क्योंकि वह मनोभव है किन्तु वहाँ भी उनकी स्थिति कितनी चिन्त्य है? मन को सुन्दरता प्रदान करने वाले एक भी गुण तो उसमें होते! 'व्यतिरेक' का ऐसा उदाहरण दुर्लभ है। तुलसी ने छोटे-से बरवै छन्द में कितना कुछ कह डाला है, यह उनके मर्मी ही समझ सकते हैं। 'कोटि मनोज लजावन हारे' राम की विडम्बना देखनी हो तो इसी बरवै रामायण में थोड़ा आगे बढ़कर देखिये–

गरब करहु रघुनंदन जनि मन माँह।
देखहु आपनि मूरति सिय कै छाँह।।

सीता के सौन्दर्य का यह सहज उत्कर्ष तुलसी की काव्य-प्रतिभा और उसके औचित्य का परिचायक है।

'अवस्थौचित्य' से तात्पर्य अवस्था के अनुरूप वर्णन से है। किसी मुग्धा नायिका से प्रौढ़ा जैसी चेष्टा कराना अवस्थागत अनौचित्य माना जायेगा। इसी प्रकार किसी महापराक्रमी योद्धा का किसी बालक से युद्ध करने के लिए उद्यत होना अवस्थानौचित्य माना जायेगा। तुलसीदास ने 'अवस्थानौचित्य' का पूरा ध्यान रखा है। इस सन्दर्भ में यदि उन्होंने कहीं अनौचित्य का समावेश किया है तो जानबूझ कर किया है। ऐसे व्यक्ति के आचरण में किया है, जिसका पूरा चरित्र ही जीवन के अनौचित्य का उदाहरण है। रावण का सीता से यह कहना कि 'हे सीते! मैं तेरा सिर इस कठोर कृपाण से काट डालूँगा नहीं तो शीघ्र मेरी बात मान ले', अवस्थानौचित्य का उदाहरण है। रावण जैसे विश्व जयी वीर का एक असहाय सती को भय दिखाना शोभा नहीं देता। इसी प्रकार शीलवान व्यक्तियों के प्रत्येक आचरण, उनके जीवन की प्रत्येक स्थिति का वर्णन करते हुए तुलसीदास ने 'अवस्थानौचित्य' का पूरा ध्यान रखा है। राम से विमुक्त भरत की अवस्था का चित्र देखिये–

बैठे देखि कुसासन जटा मुकुट कृस गात।
राम राम रघुपति जपत स्रवत नयन जलजात।।

यदि इसके स्थान पर कहीं यह दिखाया गया होता कि भरत राजसिंहासन पर विराजमान हैं। उनके सिर पर स्वर्ण-मुकुट शोभित है। राजदरबारी यथास्थान हाथ जोड़े खड़े हैं। उनके मुख-मंडल पर अधिकार-सुख की मादकता क्रीड़ा कर रही है, तो भरत के आदर्श चरित्र का घोर पतन हो जाता। तुलसीदास भली-भाँति जानते हैं कि किस अवस्था में क्या कहना है?

'विचारौचित्य' से तात्पर्य सूक्तियों को उचित विचार-सूत्रों से युक्त करके उनमें चारुत्व का विधान करना है। कवि प्रबन्ध-काव्य-रचना करते समय बीच-बीच में सूक्तियों का समावेश भी करते हैं। स्वतन्त्र रूप से भी सूक्तियाँ कही जाती हैं। सूक्तियों की चारुता का रहस्य विचारौचित्य ही है। तुलसी के 'रामचरितमानस' में विचारौचित्यगर्भित सूक्तियों की कमी नहीं है। 'दोहावली' में भी अनेक दोहे विचारौचित्य-चारुत्व से मंडित हैं। दो-एक उदाहरण लीजिए–

तुलसी अद्‌भुत देवता आसा देवी नाम।
सेए सोक समर्पई विमुख भए अभिराम।

x x x

ज्ञानी, तापस, सूर, कवि, कोविद, गुन आगार।
केहि कै लोभ विडम्बना किन्हि न यहि संसार।।

उपर्युक्त सूक्तियाँ तुलसी की विचारशीलता प्रमाणित करने के साथ ही औचित्य के आधार पर विचारों में चारुत्व लाने की क्षमता का निदर्शन भी करती हैं।

काव्य में प्रयुक्त प्रत्येक शब्द की सार्थकता विचारणीय होती है। विशेष रूप से व्यक्तिवाचक संज्ञाओं का प्रयोग करते समय विशेष सतर्कता अपेक्षित है। नाम के साथ व्यक्ति का रूप, कार्य गुण, दोष—सभी कुछ सम्पृक्त होता है। पौराणिक और ऐतिहासिक महापुरुषों तथा देवी-देवताओं के अनेक नाम होते हैं। नामों के पीछे उनका इतिहास छिपा होता है। रस-सिद्ध कवि सन्दर्भ के अनुरूप नाम का चयन करके काव्य में उसका प्रयोग करते हैं। तुलसीदास ने नामों के प्रयोग में औचित्य का पूरा ध्यान रखा है। कुछ उदाहरण अप्रासंगिक न होंगे। शिव की समाधि-भंग करने के लिए कामदेव उनके समीप जाता है। उन्हें देखकर सशंक और भयभीत होता है। 'शिव' विकाररहित परम सत्ता का समत्व रूप है। अतः उसे देखकर कामदेव समाधि-भंग करने में असमर्थ होने की आशंका से पहले मात्र सशंक होता है। फिर वह भय का अनुभव करता है। इस प्रकरण में तुलसी द्वारा प्रयुक्त नामौचित्य देखिये। काम के मन में 'शंका' का संचार 'शिव' को देखकर होता है और 'भय' का संचार दुराधर्ष दुर्गम 'रुद्र' को देखकर।

सिवहिं बिलोकि ससंकेउ मारू। भयउ जथाथिति सबु संसारू।।

x x x

रुद्रहिं देखि मदन भय माना। दुराधरष दुर्गम भगवाना।।

तुलसी के काव्य से इस प्रकार के अनेक प्रयोग उदाहृत किये जा सकते हैं।

'आशीर्वचन', आशीर्वाद चाहने वाले की आकांक्षा के अनुकूल होना चाहिए। ऐसा न होने पर आशीर्वचन में अनौचित्य आ जाता है। 'रामचरितमानस' में अनेक अवसरों पर आशीर्वचन कहे गये हैं। और ऐसे प्रत्येक अवसर पर आशीर्वाद प्राप्त करने वाले पात्र को मनोरथ की सिद्धि के पूर्ण विश्वास के कारण हार्दिक आनन्द का अनुभव हुआ है। सीता को माता पार्वती आशीर्वाद देती हैं–

सुन सिय सत्य असीस हमारी। पुजिहिं मन कामना तुम्हारी।।

गौरि को अनुकूल जानकर मनोरथ-सिद्धि के विश्वास से सीता को अपार हर्ष होता है। आगे चलकर वन-गमन के प्रसंग में सीता की विनय से प्रभावित होकर गंगा आशीर्वाद देती हैं–

प्राननाथ देवर सहित कुसल कोसला आइ।
पुजिहि सब मनकाना सुजसु रहिहि जग छाड़।।

कहना न होगा कि गंगा का यह आशीर्वाद पूर्णतः सफल हुआ। इन आशीर्वादों के माध्यम से कथा-विकास एवं उसकी सुखात्मक परिणति के संकेत भी दिये गये हैं। इस प्रकार कथा-प्रवाह के भीतर सामाजिक मर्यादा के उचित निर्वाह के साथ ही इन आशीर्वचनों के माध्यम से कथा की अनुकूल परिणति का संकेत देकर कवि ने इनका पूर्ण औचित्य प्रमाणित किया है।

उपर्युक्त दश औचित्य-प्रकारों को उदाहृत करने के बाद अब हम संक्षेप में उन सत्रह औचित्य प्रकारों के सम्बन्ध में कुछ कहना चाहेंगे जिनका उल्लेख किसी न किसी रूप में आचार्य क्षेमेन्द्र के पूर्व हो चुका था। 'पद', 'वाक्य' और 'प्रबन्ध' के औचित्य पर आचार्य कुन्तक ने वक्रोक्ति की व्यवस्था के सन्दर्भ में विचार किया है। वस्तुतः पद-वक्रता, वाक्य-वक्रता और प्रबन्ध-वक्रता का आधार औचित्य ही है। 'गुण', 'अलंकार' और 'रस' के औचित्य का प्रतिपादन आचार्य आनन्दवर्धन ने 'ध्वन्यालोक' में किया है। काल, देश, कुल, व्रत आदि के औचित्य पर आचार्य रुद्रट ने प्रकारान्तर से दोष-प्रकरण में विचार किया है। वस्तुतः 'ग्राम्यत्व दोष' का आधार देश, कुल, जाति, विद्या, निन्दा, वय, स्थान और पात्र सम्बन्धी अनौचित्य ही है। अतः ग्राम्यत्व दोष के परिहार के निमित्त इनके औचित्य का ध्यान रखना होगा। 'क्रिया', 'कारक', 'लिंग', 'वचन', 'विशेषण', 'उपसर्ग' और 'निपात' का सम्बन्ध व्याकरण-शास्त्र

से है। इनका व्याकरणसम्मत प्रयोग ही इनके उचित प्रयोग अर्थात् इनके औचित्य का निर्णायक है। स्पष्ट है कि आचार्य क्षेमेन्द्र ने 'औचित्य-सिद्धान्त' का विवेचन करते हुए अन्य शास्त्रों का मंथन कर लिया था और इस मंथन के परिणामस्वरूप वे इस निश्चय पर पहुँचे थे कि काव्य-सौन्दर्य-विधायक जितने भी तत्त्व हो सकते हैं उनका मूलाधार औचित्य ही है। वस्तुतः सौन्दर्य का ही आधार औचित्य है।

तुलसीदास के काव्य में औचित्य के उपर्युक्त समस्त प्रकारों को सहज ही लक्षित किया जा सकता है। प्रस्तुत निबन्ध को समाप्त करने के पूर्व हम 'गुण', 'अलंकार' और 'रसौचित्य' के तात्त्विक स्वरूप का विशेषण करते हुए तुलसी के काव्य में इनकी स्थिति पर विचार करना चाहेंगे, क्योंकि काव्य-सौन्दर्य विवेचन के सन्दर्भ में इनका महत्त्व सर्वाधिक है। 'गुण' काव्य के नित्य धर्म है। 'रस' धर्मी है। अतः गुणों का महत्त्व रसों के साथ उनके सामंजस्य में है। इसी प्रकार अलंकारों का महत्त्व अलंकार्य के साथ उनके पूर्ण सामंजस्य में है। काव्य में अलंकार्य वस्तु रस है। अतः अलंकारों का अलंकारत्व रस को पुष्टि करने में ही है। तुलसीदास के काव्य में गुणों और अलंकारों का रस के साथ पूर्ण सामंजस्य लक्षित होता है।

'गुणौचित्य' पर विचार करते हुए आचार्य ने कहा है कि जिस प्रकार कान्तासंगम के समय नवोदित चन्द्रमा आनन्ददायक होता है, उसी प्रकार वर्ण्यविषय के अनुरूप प्रयुक्त होकर ओज, प्रसाद, माधुर्य आदि गुण सहृदयों को आनन्द प्रदान करते हैं। तुलसी के काव्य से माधुर्य गुण का एक उदाहरण देकर हम आगे बढ़ेंगे। जनक-वाटिका को अपने अलौकिक सौन्दर्य से प्रकाशित करती हुई सीता चकित-नेत्रों से चारों ओर देखते हुए धीरे-धीरे राम की ओर बढ़ रही हैं—

कंकन किंकिन नूपुर धुनि सुनि। कहत लखन सन राम हृदय गुनि।
मानहुँ मदन दुंदुभी दीन्हीं। मनसा बिस्व बिजय कहँ कीन्हीं।।
अस कहि फिरि चितए तेहि ओरा। सिय मुख ससि भए नयन चकोरा।
भए बिलोचन चारु अचंचल। मनहुँ सकुचि निमि तजे दिगंचल।।

कहना न होगा कि उपर्युक्त पंक्तियों में माधुर्य गुण का विधान किया गया है। माधुर्य गुण श्रृंगार-रस का पोषक होता है। उपर्युक्त सन्दर्भ में श्रृंगार-रस के पोषण के लिए माधुर्य का यह विधान गुणौचित्य का सुन्दर उदाहरण बन गया है।

तुलसीदास के काव्य में अलंकारों का सहज प्रयोग उनका औचित्य प्रमाणित करता है। सीता के सौन्दर्य का वर्णन करते हुए तुलसीदास ने सम्भावना अलंकार का आधार लिया है। कवि का लक्ष्य सीता के अलौकिक सौन्दर्य की व्यंजना है, अलंकार का चमत्कार दिखाना नहीं। अलंकार साधन है, साध्य है—अलंकार्य। कवि भूमिका बनाकर आगे बढ़ता है। वह कहता है कि कवियों द्वारा प्रयुक्त सभी उपमाएँ लौकिक स्त्रियों के अंगों से उपमित होने के कारण तुच्छ प्रतीत हो रही हैं। उनका

प्रयोग करके मैं कुकवि कहा जाऊँगा। यह अपशय मैं नहीं लेना चाहता। संसार में ऐसी कोई सुन्दरी नहीं है, जिससे सीता की उपमा दी जाय। देवताओं की स्त्रियाँ भी दोषरहित नहीं हैं। 'सरस्वती' स्वभावतः मुखरा है। 'पार्वती' को क्या कहा जाय, उनका तो अंग ही अपूर्ण है। 'रति' सुन्दरी तो है, किन्तु पति के अतनु होने का दुःख है। 'रमा' का नाम लिया जा सकता है किन्तु 'विष' और 'वारुणी' जिसके भाई हों, उसकी उपमा सीता से देना सर्वथा अनुचित है। समुद्र से उत्पन्न रमा उपमा योग्य कैसे हो सकती है? पिता समुद्र खारा है। मंथन में सहायक अन्य सारे उपादान कठोर हैं। कठोर कारण से उत्पन्न कार्य भी कठोर होगा। ऐसी स्थिति में सीता के सौन्दर्य की प्रतीति कराने के लिए कुछ नवीन सम्भावना करनी होगी—

जौं छवि सुधा पयोनिधि होई। परम रूप-मय कच्छप सोई।।
सोभा रजु मंदरु सिंगारू। मथै पाणि-पंकज निज मारू।।
एहि विधि उपजै लच्छि जब सुन्दरता सुख मूल।
तदपि सकोच समेत कबि कहहिं सीय समतूल।।

रूपकाधृत सम्भावना अलंकार का यह विधान अलंकार्य के सौन्दर्योत्कर्ष में सहायक होकर अपना औचित्य प्रमाणित कर रहा है। इतनी सटीक सम्भावना करने के बाद भी कवि सम्भावित सौन्दर्यराशि को सीता के समतुल्य कहने में जिस संकोच का अनुभव करता है, वह औपम्य-विधान के इतिहास में दुर्लभ है।

तुलसी के काव्य में 'रस' के औचित्य का पूर्ण निर्वाह हुआ है। रसनिष्पत्ति औचित्य के आधार पर ही होती है। अनौचित्य से रस-भंग होता है। रसौचित्य में रस के सभी अंगों के औचित्य पर ध्यान रखना पड़ता है। शृंगार-रस में उपनायक विषयक रतिभाव, बहुनायकविषयक रतिभाव, प्रतिनायकविषयक नायिकानिष्ठ रतिभाव, मुनि-पत्नी या गुरुपत्नीविषयक रतिभाव का अभिव्यंजन अनौचित्य-पूर्ण माना गया है। इसी प्रकार रौद्ररस के प्रसंग में गुरु एवं पितृविषयक क्रोध का अभिव्यंजन अनुचित है। ब्राह्मण-वध के लिए 'उत्साह' का अभिव्यंजन या गुरु को हास का आलम्बन बनाकर हास्य-रस की अभिव्यंजना अनुचित है। उत्तम प्रकृति के पात्र को 'भय' का आश्रय बनाना तथा नीच प्रकृति के पात्र को 'शम' भाव का आश्रय बनाना अनुचित है। तुलसी के काव्य में रस के सन्दर्भ में अनौचित्य का उदाहरण कदाचित् ही मिले। परशुराम के प्रति लक्ष्मण के क्रोध में अनौचित्य की शंका की जा सकती है। परशुराम मुनि और ब्राह्मण थे। किन्तु यहाँ भी अनौचित्य नहीं है; क्योंकि परशुराम वीर-वेश में आये थे। राम ने यही कहा भी था—

देखि कुठार बान धनुधारी। भै लरिकहिं रिस बीरु बिचारी।
x x x
जौं तुम्ह औतेहु मुनि की नाईं। पद रज सिर सिसु धरत गोसाईं।।

उपर्युक्त कथन में लक्ष्मण के क्रोध के औचित्य का प्रतिपादन तो हुआ ही है, परशुराम के व्यक्तित्व को लेकर मीठी चुटकी भी ली गयी है। राम के कथन में गूढ़ व्यंजना है कि बालक ने भ्रमवश आपको वीर समझ लिया था वस्तुतः आप वीर नहीं हैं। यही नहीं, राम तो उलटे परशुराम के क्रोध का अनौचित्य प्रमाणित करते हुए कहते हैं—'रिस अति बड़ि लघु चूक हमारी'—हे मुनि! हमारी छोटी-सी भूल पर आपका यह प्रलयंकर क्रोध शोभा नहीं देता। मर्यादा पुरुषोत्तम के अनन्य सेवक तुलसीदास ने सर्वत्र औचित्य का ध्यान रखा है। चित्रकूट में राम की जीवन-चर्या का वर्णन करते हुए तुलसी ने मर्यादित शृंगार का अनुपम उदाहरण प्रस्तुत किया है। देखिये—

फटिक सिला मृदु बिसाल, संकुल सुरतरु तमाल।
ललित लता जाल हरति छबि बितान की।
मधुकर पिक बरहि मुखर सुंदर गिरि निर्झर झर,
जल कन धन छाँह छन प्रभा न भान की।
सब ऋतु ऋतुपति प्रभाउ संतत बहै त्रिबिध बाउ,
जनु बिहार-बाटिका नृप पंचबान की।।

उद्दीपन की पूर्ण योजना करने के बाद कवि ने संयत एवं मर्यादित स्वर में राम-सीता (आश्रय-आलम्बन) की चेष्टाओं का वर्णन किया है—

निजकर राजीव नयन पल्लव-दल रचित सयन
प्यास परसपर पियूष प्रेम-पान की।
सिय अंग लिखैं धातुराग, सुमननि भूषन-विभाग,
तिलक करनि का कहौं कलानिधान की।
माधुरी विलास हास, गावत जस तुलसिदास।
बसति हृदय जोरी प्रिय परम प्रान की।।

अन्य सभी रसों के औचित्य का उदाहरण भी तुलसी के काव्य में सहज ही लक्षित किया जा सकता है। विस्तारभय से रसौचित्य की चर्चा हम यहीं समाप्त करते हैं।

अन्य काव्यांगों के औचित्य के सम्बन्ध में भी विचार किया जा सकता है। विशेषतः 'छन्द' और 'वर्ण' के औचित्य का तुलसीदास ने पूरा ध्यान रखा है। रस-सिद्ध कवि के लिए छन्द बन्धन नहीं है। छन्द, गति की सहज मर्यादा है। गति सजीवता का द्योतक है। इसलिए तुलसी के काव्य में अनुभूति का सजीव गतिमयप्रवाह छन्द की मर्यादा में ढलता गया है। कथात्मक काव्य-रचना के लिए 'चौपाई' और 'दोहा' का प्रयोग सर्वथा उचित है। तुलसी ने बीच-बीच में प्रसंगानुसार अन्य छन्दों

का प्रयोग भी किया है। मात्रिक छन्दों में चौपेया, तोमर, डिल्ला, त्रिभंगी, हरिगीतिका आदि का तथा वर्णिक छन्दों में इन्द्रवज्रा, त्रोटक, भुजंगप्रयात, मालिनी, वसंततिलका, वंशस्थ, शार्दूलविक्रीड़ित, स्रग्धरा, अनुष्टुप् आदि का प्रयोग रामचरितमानस में हुआ है। 'रामचरितमानस' में इन छन्दों की स्थिति की ओर संकेत करते हुए प्रारम्भ में कवि ने स्वयं कहा है–'छंद सोरठा सुन्दर दोहा। सोइ बहुरंग कमल कुल सोहा।।' सरोवर के सन्दर्भ में कमल का क्या महत्त्व है? इसे सहृदय पाठक भलीभाँति जानते हैं–'फूले कमल सोह सर कैसे। निर्गुन ब्रह्म सगुन भये जैसे।।' ठीक ही तो है। निराकार अनुभूति को गतिमय अभिव्यक्ति देने के लिए छन्द-विधान उचित माध्यम है। तुलसी के काव्य में प्रत्येक छन्द के औचित्य पर विचार किया जा सकता है। यहाँ इतना ही कहना पर्याप्त है कि छन्दों के प्रयोग में तुलसी ने कथा-प्रवाह, अनुभूति के आवेग, पात्र की गरिमा तथा नाद-सौन्दर्य के साथ छन्दविशेष के सामंजस्य का पूरा ध्यान रखा है। यही नहीं, तुलसी ने जहाँ कहीं छन्द-परिवर्तन किया है, वहाँ पूर्ववर्ती छन्द में कथित उक्ति के अन्तिम अंश को लेकर परिवर्ती छन्द-रचना का आरम्भ किया है। इससे कथा-प्रवाह खण्डित होने से बच गया है। उदाहरण के लिए नीचे के उद्धरणों पर ध्यान दीजिए–

नारद बचन सदा सुचि साचा। सो बरु मिलिहि जाहि मनु राचा।
मन जाहिं राचेउ मिलिहि सो बरु सहजसुन्दर साँवरो।।

x x x

तेहिं छन मद्‌य राम धनु तोरा। भरे भुवन धुनि घोर कठोरा।
भरे भुवन घोर कठोर रव रवि बाजि तजि मारगु चले।

x x x

मन भावहिं मुख बरनि न जाहीं। उपमा कहुँ त्रिभुवन कोउ नाहीं।
उपमा न कोउ कह दास तुलसी कतहुँ कवि कोविद कहैं।

इस प्रकार का छन्द-विधान पूरे 'रामचरितमानस' में देखा जा सकता है। छन्दों के प्रयोग में तुलसी सदैव सतर्क रहे हैं। सूक्ति-कथन के लिए दोहे और सोरठे का, अद्‌भुत भयानक, बीभत्स तथा परुष व्यापारों के वर्णन में कवित्त, छप्पय और दंडक का, स्तुतियों के प्रसंग में 'इन्द्रवज्रा', 'तोटक', 'भुजंगप्रयात' और 'मालिनी' का तथा कथा के क्रम-बद्ध प्रवाह के लिए 'चौपाई' का प्रयोग औचित्य-निर्वाह के लिए ही हुआ है।

काव्य में वर्ण-विन्यास का महत्त्व कम नहीं है। काव्य-कला का मूर्ताधार सार्थक वर्ण-विन्यास ही है। जीवन में कुछ ऐसे व्यापार भी देखने में आते हैं जिनकी अनुभूति को मूर्त करना ललित कलाओं के क्षेत्र में कठिन माना गया है। उदाहरण के लिए संगीतमय सामूहिक नृत्य का, प्रलयंकर तूफान या आँधी का, विस्तृत क्षेत्र में होने

वाले भयंकर युद्ध का या दिगन्तव्यापी शून्यता एवं नीरवता का चित्रांकन करना कवि के लिए चुनौती है। कवि को शब्द और उसमें सम्पृक्त अर्थ का ही तो बल है। शब्द मूलतः ध्वनि-खण्ड है। ध्वनि-विशेष के साथ वस्तु-विशेष या क्रिया-विशेष को संयुक्त करके मनुष्य ने ध्वनि-खण्डों को सार्थक बना लिया है। जो घटनाएँ या व्यापार अलग-अलग घटित होते हैं, उनको सार्थक ध्वनि-प्रतीकों के माध्यम से व्यक्त कर सकते हैं किन्तु जिनकी सत्ता ध्वनि-रहित है या जिनकी सत्ता सार्थक और निरर्थक ध्वनियों के जटिल संघात पर निर्भर है, उनको कैसे व्यक्त किया जाय? ऐसे अवसरों पर उचित वर्ण-विन्यास के द्वारा ध्वनि, स्थिति, गति, नैकट्य, दूरी, भयंकरता, मधुरता, परुषता आदि को मूर्त किया जा सकता है। जटिल ध्वनि-संघात का विधान करते समय कवि निरर्थक ध्वनि-खण्डों की योजना भी कर सकता है। अलग से निरर्थक प्रतीत होने वाला ध्वनि-खण्ड पूरे कार्य-व्यापार को मूर्त करने के सन्दर्भ में सार्थक बन जाता है। सूरदास ने दावाग्नि की भयंकरता मूर्त करने के लिए कुछ ऐसे ही ध्वनि-खण्डों का आधार लिया है। तुलसीदास ने उचित वर्ण-विन्यास के द्वारा अग्नि की प्रचण्डता तथा भय, आतंक, घबराहट, व्याकुलता और विवशता को मूर्त करने में पूर्ण सफलता प्राप्त की है—

हय हिहिनात भागे जात, घहरात गज,
भारी भीर ठेलि पेलि रौंदि खौंदि डारहीं।
नाम लै चिलात, बिललात अकुलात अति।
तात तात! तौसियत झौसियत झारहीं।।

कहना न होगा कि उपर्युक्त छन्द का एक-एक वर्ण पूरे कार्य-व्यापार को मूर्त करने की दृष्टि से अपना औचित्य रखता है। तुलसी के वर्ण-विन्यास और वर्ण्य-वस्तु में वही सम्बन्ध है, जो वादक द्वारा उत्पादित वाद्य-ध्वनि और नर्तक द्वारा उसके अनुरूप प्रदर्शित अंगभंगी में। तुलसी ने कहा भी है—

कबिहि अरथ आखर बलु साँचा। अनुहरि ताल गतिहिं नटु नाचा।

पिछले पृष्ठों में औचित्य के कुछ प्रकारों को तुलसी के काव्य में लक्षित किया गया है। जैसा कि हम कह आये हैं, औचित्य की दृष्टि से तुलसी के काव्य का मूल्यांकन अपने आप में एक स्वतन्त्र अध्ययन का विषय है। तुलसी ने कथा के संघटन में, पात्रों के चरित्र-चित्रण में, संवादों की योजना में, प्रसंगों के गुम्फन में, सन्दर्भों के संयोजन में, पूर्ववर्ती रामकाव्यों से उक्तियों के ग्रहण में, विचारों के विश्लेषण में तथा काव्य के सौन्दर्य-विधायक अन्य सभी उपादानों के प्रयोग में औचित्य का पूरा ध्यान रखा है। यहाँ हम यह भी संकेत कर देना चाहेंगे कि आचार्य शुक्ल ने काव्य-सिद्धान्तों की चर्चा करते समय 'रस', 'अलंकार', 'वक्रोक्ति' और

'काव्य-भाषा' के सम्बन्ध में अन्तिम निर्णय औचित्य को दृष्टि में रखकर ही दिया है। उनका 'भावानुमोदित वक्रता' को ही स्वीकार करना, अलंकारों को प्रस्तुत वस्तु या भाव के सौन्दर्योत्कर्ष का साधन मानना, अनुचित आलम्बन के प्रति व्यक्त भाव को रसात्मक न मानना, काव्य में मूर्ति-विधायक शब्दों के प्रयोग पर बल देना, वर्ण-विन्यास को नाद-सौन्दर्य-विधान का साधन मानना, रूप-गुण या कार्य-बोधक नामों के प्रयोग में प्रकरण की अनुकूलता पर ध्यान रखने के लिए सतर्क करना आदि अनेक बातें औचित्य-सिद्धान्त से ही प्रेरित हैं। शास्त्रीय ग्रन्थों से प्रेरणा लेकर प्राचीन सिद्धान्तों को नवीन विवेचनात्मक शैली में प्रस्तुत करना आचार्य शुक्ल के सिद्धान्त-निरूपण की एक विशेषता है। यह इसलिए कह देना पड़ा कि आचार्य शुक्ल तुलसी के प्रबल समर्थक हैं और ऐसा समझा जाता है कि उन्होंने तुलसी के काव्य को लक्ष्य में रखकर अपने काव्य-सिद्धान्तों का निर्धारण किया है। सत्य यह है कि आचार्य शुक्ल और तुलसीदास दोनों ही मर्यादाप्रिय और औचित्यवादी हैं। तुलसी का काव्य 'सुकोमल, मंजु और दोषरहित' है। औचित्य के आधार पर ही काव्य को दोषरहित बनाया जा सकता है। अनुचित का त्याग और उचित का ग्रहण तुलसी की काव्य-दृष्टि की मूल विशेषता है–

कृतारिवंचने दृष्टिर्येनांजन-मलीमसा।
अच्युताय नमस्तस्मै परमौचित्यकारिणे।।

रामकाव्य की प्रतीकात्मकता

राम-कथा की गूढ़ता की चर्चा स्वयं तुलसीदास जी ने बार-बार की है। यह गूढ़ता अनेक स्तरों पर अनेक रूपों में लक्षित की जा सकती है। गूढ़ता का सबसे बड़ा कारण स्वयं राम का चरित्र है। राम निर्गुण, निराकार, अज, अनहि, अव्यक्त, अगोचर सर्वव्यापी 'ब्रह्म' भी हैं और सगुण, साकार, दशरथ-कौशल्या के अजिर में विहार करने वाले 'रघुकुल-तिलक' भी। वे विष्णु, ब्रह्मा और शिव को नचाने वाले जगत् नियन्ता भी हैं और स्त्री के वियोग में व्याकुल लताओं, वृक्षों और पशु-पक्षियों से उसका पता पूछने वाले राजपुत्र भी। उनके इसी रहस्यमय चरित्र को लेकर एक ही प्रकार की शंका पार्वती, भरद्वाज और गरुड़ के मन में उत्पन्न हुई थी। ऐसी ही शंका तुलसी के समय में सामान्यतः सन्तों-भक्तों और श्रद्धालुओं के मन में भी व्याप्त थी। 'रामचरितमानस' की रचना भी इसी शंका का समाधान करने के निमित्त हुई है। पार्वती जी ने अत्यन्त संक्षेप में अपनी शंका भगवान शंकर के समक्ष रखी थी।

जौ नृप तनय त ब्रह्म किमि नारि बिरह मति भोरि।
देखि चरित महिमा सुनत भ्रमति बुद्धि अति मोरि।।[1]

भगवान शंकर के मुख से पूरी रामकथा सुनकर पार्वती जी की शंका मिट गयी थी और उन्होंने कहा था—

नाथ कृपाँ मम गत संदेहा। रामचरन उपजेउ नव नेहा।
मैं कृत-कृत्य भइउँ अब, तब प्रसाद बिस्वेस।
उपजी राम-भगति दृढ़ बीते सकल कलेस।।[2]

'रामचरितमानस' के दो अन्य श्रोताओं भरद्वाज और गरुड़ की शंका भी मिट गयी थी किन्तु सन्तों की एक पूरी परम्परा ब्रह्म राम को 'नृप-तनय' स्वीकार नहीं

1. रामचरितमानस, बालकाण्ड, दोहा 108
2. रामचरितमानस, उत्तरकाण्ड, दोहा 129

कर सकी। इस परम्परा में 'रामकथा' की सांकेतिक व्याख्या चलती रही। उसके 'मानसी स्वरूप' को प्रतीकों के माध्यम से समझाया जाता रहा और 'रामचरित की गूढ़ता' को आध्यात्मिक एवं तात्त्विक दृष्टि से स्पष्ट करने की चेष्टा की जाती रही। यहाँ हम अत्यन्त संक्षेप में इस परम्परा की ओर विद्वद्‍जनों का ध्यान आकृष्ट करना चाहेंगे। किन्तु इसके पहले हम यह स्पष्ट कर दें कि स्वयं तुलसीदास ने भी 'विनयपत्रिका' में पूरी रामकथा की प्रतीकात्मकता की ओर संकेत किया है। उनके अनुसार मानव-शरीर ही ब्रह्माण्ड है। इसमें जो विषयों की ओर प्रवृत्ति है, वही लंका का अजेय दुर्ग है। इसका निर्माण मन-रूपी मय दानव ने किया है। इस शरीर में जो अन्नमय, प्राणमय, मनोमय, विज्ञानमय और आनन्दमय कोश है, वे ही इसके सुन्दर महल हैं। सत्व, रज और तम ये तीन गुण ही इसके प्रचंड सेनापति हैं। देहाभिमान ही भयंकर समुद्र है जिसके बीच प्रवृत्ति रूपी लंका बसी हुई है। रागादि वृत्तियाँ ही इस समुद्र में निवास करने वाले मगर और घड़ियाल हैं। तरह-तरह की कामनाएँ और विषयों में आसक्ति के संकल्प-विकल्प ही देहाभिमान रूपी समुद्र में उठने-गिरने वाली तरंगें हैं। विषय-प्रवृत्ति रूपी लंका में 'मोह' रूपी रावण अपने 'अहंकार' रूपी भाई कुंभकर्ण के साथ निवास करता है। 'काम' ही उसका पुत्र इन्द्रजीत मेघनाद है। लोभ, मत्सर, क्रोध, द्वेष, दम्भ, कपट, दर्प और मद क्रमशः अतिकाय, महोदर, देवांतक, दुर्मुख, खर, अकंपन, मनुजाद और शूलपाणि आदि पराक्रमी दैत्य हैं। इन दुर्जय राक्षसों के साथ इन्दिग्ररूपी राक्षसियाँ भी प्रवृत्ति रूपी लंका में निवास करती हैं। तुलसीदास भगवान राम से प्रार्थना करते हुए कहते हैं कि हे नाथ! आपके चरण-कमलों का सेवक 'जीव' ही विभीषण है। वह इन दुष्टों से भरे हुए वन में निरन्तर चिन्तित रहता हुआ किसी तरह दिन काट रहा है। यम (अहिंसा, सत्य, अस्तेय, ब्रह्मचर्य, अपरिग्रह), नियम (शौच, सन्तोष, तप, स्वाध्याय, ईश्वर-प्रणिधान) रूपी दसों दिग्पाल और स्वयं इन्द्र इस मोह रूपी रावण के वश में हैं। वे निरन्तर भयभीत रहते हैं। ऐसी विषम स्थिति में तुलसीदास निवेदन करते हैं कि हे प्रभु राम! जैसे आपने पृथ्वी का भार उतारने के लिए दशरथ के यहाँ कौशल्या के गर्भ में अवतार लिया था उसी प्रकार 'मोह' रूपी रावण का नाश करने के लिए 'ज्ञान' रूपी दशरथ के यहाँ 'भक्ति' रूपी कौशल्या के गर्भ से अवतार लीजिए। हे नाथ! जैसे आप भक्तों का कष्ट दूर करने के लिए पिता की आज्ञा से वन के लिए प्रस्थित हुए थे उसी प्रकार जीव का कष्ट दूर करने के लिए मेरे हृदय रूपी वन में निवास कीजिए। हे नाथ! मोक्ष के जितने साधन हैं उन्हें बन्दर-भालू की सेना बनाकर साथ ले लीजिए। 'विवेक' रूपी सुग्रीव को उनका अगुवा बनाकर संसार रूपी सागर पर पुल बाँध लीजिए। वैराग्य रूपी पवनपुत्र-हनुमान विषय-वासना रूपी वनों और महलों को अग्नि के समान ही भस्म करने वाले हैं। वे आपके सहायक हैं ही। इन सबके साथ 'मोह'

रूपी दुष्ट राक्षस-राज का कुल-सहित विनाश करके हे अखण्ड ज्ञान-स्वरूप प्रभु! आप लक्ष्मण और सीता के साथ भक्त तुलसीदास के हृदय-कमल में निरन्तर निवास कीजिए।[1]

उपर्युक्त लम्बे रूपक का तात्पर्य यह है कि मन की विषयों की ओर प्रवृत्ति ही लंका है। यह लंका मन की रचना है क्योंकि मन ही विषयों में प्रवृत्त होता है। इस लंका का अधिपति 'मोह' या 'अज्ञान' है। 'मोह' को सशक्त और पुष्ट करने वाले अन्य मानसिक विकार—अहंकार, काम, लोभ आदि—ही राक्षसों का सैन्य दल है। ज्ञान और भक्ति के आश्रय से उत्पन्न अखण्ड ज्ञान (राम) ही विवेक (सुग्रीव) और वैराग्य (हनुमान) को साथ लेकर मोक्ष के अन्य साधनों (बन्दर, भालू आदि) की सहायता से 'अज्ञान' या 'मोह' पर विजय प्राप्त कर सकता है। अज्ञान के नष्ट होने और ज्ञान के उदय होने पर देहाभिमान और विषयासक्ति स्वतः समाप्त हो जाएँगे। भक्त का हृदय निर्विकार हो जायेगा। ऐसे ही हृदय में भगवान राम, सीता और लक्ष्मण के साथ नित्य निवास करेंगे। इस प्रकार हम पाते हैं कि रामकथा की पारम्परिक प्रतीकात्मक गूढ़ता से तुलसीदास भलीभाँति परिचित थे।

तुलसीकृत 'रामचरितमानस' के पहले भी रामकथा के सांकेतिक अर्थ लिये जाते रहे हैं। जगद्गुरु आदि शंकराचार्य ने 'आत्मबोध' नामक छोटे से ग्रन्थ में 'रामकथा' की सांकेतिक व्याख्या करते हुए कहा है—

तीर्त्वा मोहार्णवं हत्वा कामक्रोधादिराक्षसान।
शान्ति सीता समायुक्त आत्मारामोविराजते।।'[2]

अर्थात् मोह रूपी समुद्र को पार करके काम-क्रोधादि राक्षसों का वध करके शान्ति रूपी सीता के साथ समायुक्त होकर आत्माराम शोभित हैं। कल्याण के रामायणांक (वर्ष 5, सं. 1) में जगद्गुरु शंकराचार्य की इस व्याख्या को आगे बढ़ाते हुए गोवर्धनपीठाधीश्वर भारतीय कृष्णतीर्थ जी ने हनुमान जी को 'जिज्ञासा' या 'विचार' का, लंका को 'नश्वर आनन्द-वृत्ति' का, अंजना को 'बुद्धि' का, अक्ष को 'संशय' का और रावण को 'अहंकार' का प्रतीक माना है। कल्याण के इसी अंक में स्वामी शिवानन्द जी ने रामायण के रहस्य (गूढ़ता) पर विचार करते हुए 'रावण' को दस कुवृत्तियों का प्रतीक माना है। ये कुवृत्तियाँ हैं—काम, क्रोध, लोभ, मोह, मद, मात्सर्य, दम्भ, अहंकार, राग और द्वेष। अन्य पात्रों में उन्होंने श्री सीता जी को 'मन' श्री राम को 'ब्रह्म', श्री हनुमान जी को 'सत्संग' और श्री भरत जी को 'त्याग' का प्रतीक माना है। निष्कर्ष रूप में उन्होंने कहा है—"सीता जी के अपने पति श्री राम

1. विनयपत्रिका, पद 58
2. कल्याण, रामायणांक, वर्ष 5, सं. 1, पृ. 8

जी से मिलन का आध्यात्मिक अर्थ मन का ब्रह्म में लय कर देना है। यह उसी समय सम्भव है जबकि हम राम में एकाग्रचित्त होकर उनका अनवरत ध्यान करें। यही रामायण की गूढ़ शिक्षा है।''[1]

स्वामी प्रकाशानन्द जी ने 'आत्मरामायण' में रामकथा के प्रायः सभी पात्रों और स्थानों की प्रतीकात्मक व्याख्या की है। उन्होंने अयोध्या को 'पंचकोश', दशरथ को 'जीव', कौशल्या को 'विवृत्तिजन्य वृत्ति', राम को 'ज्ञान', लक्ष्मण को 'विवेक', भरत को 'वैराग्य', शत्रुघ्न को 'विचार', वशिष्ठ को 'वेद', शंकर के धनुष को 'अहंकार', सीता को 'शान्ति', रावण को 'अज्ञान', हनुमान को 'सत्संग', लंका को 'शंका', शूर्पणखा को 'तृष्णा' और विभीषण को 'विहित कर्म' का प्रतीक माना है।[2] डॉ. माताप्रसाद गुप्त ने रामायण के प्रतीकों की व्याख्या अपने ढंग से की है। उनके अनुसार अवधपुरी 'अमृत्व' या अमरों का नगर है तथा दशरथ 'विषयी' जीव, कौशल्या 'विवेक', कैकेयी 'संसारत्व', सुमित्रा 'भगवद्-अर्पण', राम 'ब्रह्मतत्त्व' (ज्ञान), लक्ष्मण 'जीवतत्त्व', भरत 'बुद्धि-मन-तत्त्व', शत्रुघ्न 'अहंकार-तत्त्व', वशिष्ठ 'श्रुति', सीता 'सिद्धि', मंथरा 'तमस', चित्रकूट 'साधक का चित्त', रावण 'मोह', शूर्पणखा 'अविद्या', लंका 'शरीर', हनुमान 'दास्यभाव', विभीषण 'विज्ञान', हनुमान 'देवदूत', कुंभकरण 'आलस्य', राम का रथ 'आत्मिक सम्पत्ति' और राम-राज्य 'आत्मराज्य' के प्रतीक हैं।'[3] ऐसा लगता है कि इस प्रतीकात्मक व्याख्या पर डॉ. साहब को पूरा विश्वास नहीं था, इसलिए अपने शोध-प्रबन्ध के प्रकाशित संस्करण में उन्होंने इस व्याख्या को निकाल दिया है।

निर्गुण भक्ति-धारा के सन्तों में अनेक ने रामकथा की प्रतीकात्मक व्याख्या की है। उन्हें राम का दशरथसुत होना स्वीकार्य नहीं था। वे राम की तात्विक व्याख्या करना चाहते थे। इसलिए उन्होंने रामकथा के पात्रों और स्थानों की योगपरक व्याख्या करने की कोशिश की है। निर्गुण सन्तों में रज्जब, सुन्दरदास, धरनीदास, यारी साहब, जगजीवन साहब, पलटूदास, दरिया साहब (बिहार वाले), तुलसी साहिब आदि ने रामकथा के योगपरक अर्थ की ओर संकेत किया है। रज्जबदास ने अपनी कई साखियों में रामकथा के पात्रों का स्फुट उल्लेख किया है। कुछ साखियाँ इस प्रकार हैं—

रज्जब सतगुरु-सैल से, सबद-शिला आवंत।
मन-समुद्र सिरि पाज करि, रोस रावनहिं हंत।।
यह मन रावन मण्डली, मन क्रम विश्वावीस।

1. कल्याण, रामायणांक, वर्ष 5, सं. 1, पृ. 128
2. तुलसी साहित्य की भूमिका, पृ. 239
3. वही, पृ. 244 पर उद्धृत।

रज्जब काटै एक सिर, तौ निपजै दससीस।।
सीता सुरति उलंघिया, राम लीक गुरु वैन।
रज्जब रावण काल कर, चढ़या न पावै चैन।।[1]

उपर्युक्त तीनों साखियों को एक साथ सामने रखकर विचार करने से प्रकट है कि रज्जब की दृष्टि में रावण 'क्रोध', 'मन' और 'काम' का प्रतीक है। सीता 'सुरति' (जीवात्मा) का प्रतीक है। सतगुरु ज्ञान के पर्वत का प्रतीक है। उसके शब्द ही शिलारूप हैं। मन ही समुद्र है। गुरु की वाणी (उपदेश) ही सीता (सुरति) को मर्यादित रखने वाली 'रामलीक' (लक्ष्मणरेखा) है। इस प्रकार रामकथा के कुछ पात्रों को योग-परक अर्थ प्रदान किया गया है। यहाँ यह ध्यान रखना होगा कि रज्जब ने एक साथ पूरी रामकथा की योगपरक व्याख्या नहीं की है। उन्होंने अलग-अलग उद्‌गार व्यक्त किये हैं। इसीलिए कहीं रावण 'रोस' का प्रतीक बन गया है और कहीं 'मन' का। गुरु की वाणी कहीं शब्द-शिला बन गयी है और कहीं 'रामलीक'।

सन्त सुन्दरदास ने अपने दो दोहों में रूपक और श्लेष के सहारे रामकथा के गूढ़ार्थ की ओर संकेत किया है–

राम लक्ष्मन शत्रुघ्न भरत जानि कर प्रीति।
सीता शांति सदा रहै यह सन्तन की रीति।।
हनुमान कूं जानि के सुग्रीवहिं रटि राम।
बालि कनक तोरे श्रवन अंगद कौने काम।।[2]

प्रथम दोहे में (शत्रुघ्न = शत्रुसमूह = काम क्रोधादि : भरत = भरता हुआ = एकत्र या संचित होता हुआ : लक्ष = लक्ष्यः मन = चित्त) कहा गया है कि मन में काम-क्रोधादि शत्रुओं को संचित होता जानकार चित्त को प्रीति के लक्ष्य राम में लगाओ। इसी से शांति रूपी सीता की उपलब्धि होगी। यही सन्तों की रीति है। दूसरे दोहे में (हनू = हन = मारू : मान = अभिमान = अहंकार : सुग्रीव = सुन्दर ग्रीवा = मधुर कण्ठ : बालिकनक = कनक बाली = कानों का कुण्डल : अंगद = कान का आभूषण) कहा गया है कि अहंकार का शमन करके मधुर कण्ठ से राम का स्मरण करो। कान के आभूषण 'वाली' और 'अंगद' अर्थात भौतिक ऐश्वर्य किस काम के? इस प्रकार सुन्दरदास ने अपनी प्रतिभा के सहारे रामकथा के पात्रों का गूढ़ार्थ प्रकट किया है। पूरी रामकथा की प्रतीकात्मक व्याख्या उनका भी लक्ष्य नहीं था।

धरनीदास ने एक छप्पय में लगभग पूरी रामकथा का गूढ़ार्थ प्रकट करने की चेष्टा की है। उनका छप्पय इस प्रकार है।

1. विश्वभारती पत्रिका, खण्ड 16, अंक 2, पृ. 108 पर उद्धृत।
2. विश्वभारती पत्रिका, खण्ड 16, अंक 2, पृ. 111 पर उद्धृत।

काया कनकगढ़ लङ्क भ्या जलनिधि जगजानी।
रावन है हंकार दया मन्दोदरि रानी।
रामचन्द्र गुरु ज्ञान छमा जनु लछिमन होई।
मन मानो हनुमान, सत्य सीता है सोई।।
कुम्भकरन निद्रा भई, सोभाव विभीषन लेषीअै।
धरनी अंग प्रसंग कहि, रामायन कहै देषीअै।।[1]

उपर्युक्त छप्पय में लंका को 'काया' (शरीर), समुद्र को 'संसार', रावण को 'अहंकार', मन्दोदरि को 'दया', राम को 'गुरु-ज्ञान', लक्ष्मण को 'क्षमा', हनुमान को 'मन', सीता को 'सत्य', कुम्भकर्ण को 'निद्रा' और विभीषण को 'सद्भाव' के रूप में देखा गया है। धरनीदास की प्रतीकात्मक व्याख्या रामकथा के स्वरूप को देखते हुए अधिक समीचीन है।

बावरी पंथ के यारी साहब ने अपने एक पद में रामकथा की योगपरकता का संकेत किया है। वे लिखते हैं–

रावण होये पूरै आसन, बैठे प्रेम-तत्व सीघासन।
त्रीकुटी लोक में लक्षकर जोरै, सहजहिं लङ्का गढ़ तब तोरै।।[2]

यहाँ लंकागढ़ को त्रिकुटी लोक (दोनों भौहों के बीच आज्ञाचक्र के मध्य) के रूप में देखा गया है। रावण स्वयं राम हैं। वे ही साधक हैं। वे प्रेमतत्व के आसन पर आसीन हैं। उन्होंने चित्त-वृत्तियों को लक्ष्य करके केन्द्रीभूत कर लिया है और त्रिकुटी-भेद (लंका-गद = विजय) में समर्थ हो गये हैं। इसके बाद ही उन्हें शांतिरूपी सीता (समचित्तता) प्राप्त हो सकेगी। 'लंका' के त्रिकूट-स्थित होने की बात तुलसीदास जी ने भी कही है।

गिरि त्रिकूट ऊपर बस लंका। तहँ रह रावन सहज असंका।
तहँ असोक उपवन जहँ रहई। सीता बैठि सोच रत अहई।।[3]

यहाँ 'त्रिकूट', 'लंका', 'रावन', 'सहज असंक' और 'असोक उपवन' ये सभी शब्द सांकेतिक अर्थ व्यंजित करते हों तो आश्चर्य नहीं।

जगजीवन साहब ने अपने एक कहरानामा में रामकथा के कुछ पात्रों का सांकेतिक अर्थ दिया है। कहरानामा इस प्रकार है–

---

1. विश्वभारती पत्रिका, खण्ड 16, अंक 2, पृ. 112 पर उद्धृत।
2. विश्वभारती, पृ. 113 पर उद्धृत।
3. किष्किंधाकाण्ड, दो. 28

आसा अवध राम तहँ आए कौसिल्या सुत जाएउ रे।।
दाया दसरथ दरस देइ कहँ सोऊ पिता कहाएउ रे।।
भरतभक्त चतुरगुन लै लछिमन भाई कहाएउ रे।।
माइ न बाप भाइ नहिं तिन्हका आपन अंस कहाएउ रे।।[1]

अर्थात् आशारूपी अयोध्या में राम (परम-तत्त्व) ने कौशल्या के पुत्र रूप में अपने को प्रकट किया। उन्होंने दयारूपी दशरथ को दर्शन दिया। वही दशरथ उनके पिता कहे गये। भक्तिरूपी भरत, अन्तःकरण चतुष्टयरूपी शत्रुघ्न और लय (तन्मयता) रूपी लक्ष्मण उनके भाई कहे गये। उनके न माँ थी न बाप न भाई। ये तीनों ही भाई उन्हीं राम के अंश थे। इस प्रकार अन्तःकरण में ही घटित तत्त्वरूप रामकथा के लोक में स्थूल कहानी का रूप ले लिया।

पलटू साहब परवर्ती संतों में बड़े तेजस्वी थे। उन्होंने अनेक अवसरों पर रामकथा का प्रतीकार्थ विवृत किया है। उनकी 'शब्दावली' में एक पद इस प्रकार है–

घट भीतर है तीनिउ लोक, माया परदा राखै रोक।(टेक)
सीता सुरति शब्द है राम, दसयें द्वार अवध पुर धाम।।
मन रावण काया लंका कोट, भर्म समुद्र बसे तेहि ओट।
उचटै शब्द यहै बनवास, सीता सुरति विषय घर बास।।
काम क्रोध रावण कै बीर क्षमा निपुंसक हरि के तीर।
सेना योग चढ़े रघुराई, ज्ञान-शिला से सेतु बँधाई।।
मन-रावण को मार गिराया, इन्द्री-देवता के बन्द छड़ाया।
पलटूदास यह आरिति गनी, सीता सुरति अवधपुर आनी।।[2]

उपर्युक्त पद में रामकथा को पूरी तरह योग-साधना पर घटित किया गया है। सीता 'सुरति' है, राम 'शब्द' (शब्द-ब्रह्म) हैं। अवधपुर 'दशमद्वार' है। रावण 'मन' है, लंका 'काया' है, समुद्र 'भ्रम' है। वनवास शब्दज्ञान द्वारा जागरण-प्रक्रिया का आरम्भ है, सीता का लंका निवास, सुरति का विषयों में आबद्ध होना है, काम-क्रोधादि ही रावण के वीर सैनिक हैं, निष्कामता और क्षमा राम के बाण हैं, राम की योग-साधना ही उनकी सेना है, उनका ज्ञान ही भ्रम के समुद्र को पाटने वाली शिला है। इन्द्रियों को आसक्ति से मुक्त करना ही देवताओं को बन्धनमुक्त करना है। सीता का अयोध्या आगमन सुरति का दशमद्वार में अवस्थित होना है। इस प्रकार तीनों लोक और उसमें घटित होने वाली सभी घटनाएँ (रामकथा सहित) घट के भीतर हैं। माया का आवरण ही उनकी प्रत्यक्ष प्रतीति में बाधक होता है।

1. विश्वभारती, खण्ड 16, अंक 2, पृ. 114
2. विश्वभारती, खण्ड 16, अंक 2, पृ. 114

शब्दावली के एक अन्य पद में पलटू साहब ने रामजन्म की कथा की प्रतीकात्मक व्याख्या इस प्रकार की है–

नौमी तिथि जब नौदर मूँदे, दसमें राम अवतार हो।
दशरथ दस इन्द्री कै मारै, सत कौसल्या माता हो।
भारत भर्म-तजि पाँच शत्रुहन, गुरु लक्ष लछिमन भ्राता हो।
अवध सोई करु सन्त समाजा, संरजू सरल सुभाऊ हो।
चैत्र मास हरिचर्चा निसि दिन, शुक्ल पच्छ लव लाऊ हो।
मंजन संजम आतम पूजा, तन मन दीजै दाता हो।।
सरग द्वार सतगुरु शरनाई, निर्मल जन अस्नाता हो।
गुप्त मते की बात कठिन है, परगट की पसारा हो।
पलटू तनिक तनिक कै बूझा, पूरण ब्रह्म हमारा हो।[1]

उपर्युक्त शब्दावली में कहा गया है कि नवद्वार (इन्द्रिय द्वार) का अवरोध ही नवमी तिथि है। दसवें द्वार तक चित्त का पहुँचना ही तत्त्व-रूप राम का अवतरण है। दसों इन्द्रियों पर विजय प्राप्त कर लेना ही दशरथ होना है। सत्य कौशल्या माता है। भ्रम-रहित होना ही भरत है। कामादि पाँच शत्रुओं का हन्ता ही शत्रुघ्न है। गुरु द्वार लक्षित कराये गये तत्त्व की उपलब्धि ही लक्ष्मण है। सन्त-समागम ही अवध है। सरल स्वभाव ही सरयू है। निरन्तर हरिचर्चा ही चैत्रमास है। तत्त्व में लौ लगाना ही शुक्ल पक्ष है। संयम ही सरयू स्नान है। आत्मोपलब्धि ही पूजा है। तन-मन-समर्पण ही दान है। सद्गुरु की शरण में जाना ही स्वर्गद्वार है। गुरु-कृपा-प्राप्ति ही निर्मल जल में स्नान करने से प्राप्त निर्मलता या शुचिता है। यह गुप्त मत की बात पलटू ने थोड़ी-थोड़ी समझी है।

सन्त कवि दरिया (बिहार वाले) ने भी रामकथा के मर्म को स्पष्ट किया है। वे कहते हैं–

काया गढ़ कनक, मन रावन है, कुमति कुंभकरन, मदमस्त माता।
मेघनाद गर्व है, गरजि बातें करे सुन ले मूढ़ फिरि होत पाता।
भक्त भभीषन भरम जाके नहीं राम के काम में आप राता।
कहे दरिया उन्हिं सर्व कुल नासिया दाया मन्दोदरी कहब बाता।[2]

यहाँ शरीर को 'कनकगढ़' (लंका), मन को 'रावण', कुमति को 'कुंभकर्ण', गर्व को 'मेघनाद', भ्रमरहित भक्त को 'विभीषण' और दया को 'मन्दोदरी' कहा गया है।

1. विश्वभारती, खण्ड 16, अंक 2, पृ. 114 पर उद्धृत।
2. विश्वभारती पत्रिका, खण्ड 16, अंक 2, पृ. 118 पर उद्धृत।

दरिया साहब ने पात्रों के स्वभाव को ध्यान में रखकर उनके प्रतीक चुने हैं। उनके प्रतीक अन्यों से अधिक सार्थक हैं।

साहिब पंथ के प्रवर्तक तुलसी साहिब (हाथरस वाले) ने तो पूरी रामकथा को अन्तस् में ही घटित दिखाते हुए 'घटरामायण' की रचना की है। उन्होंने कहा है—

घट में रावन राम जो लेखा। भरत सत्रगुन दसरथ पेखा।
सीता लखन कोसल्या माही। मंथरा केकई सकल रहाई।
इन्द्रजीत मंदोदरि भाई। रावन कुंभकरन घट माहीं।
सारा जगत पिंड ब्रह्मण्डा। पाँच तत्व रचना कर अंडा।

इस प्रतिज्ञा के अनुसार तुलसी साहिब ने रामकथा के पात्रों की जिस प्रतीकात्मक स्थिति की ओर संकेत किया है, वह तर्कसंगत नहीं है। उनकी असंगत व्याख्या की ओर संकेत करते हुए आचार्य परशुराम चतुर्वेदी ने लिखा है—''साहिब जी ने फूलदास के प्रति उपदेश देते हुए उसे बतलाया है कि किस प्रकार रावण ब्रह्म है, जिसकी लंका त्रिकुटी में अवस्थित है, इन्द्रजीत इन्द्रियों को जीतने वाला इन्द्रियजीत साधक है, दस इन्द्रियों में रत रहने वाला दशरथ है, उक्त रावण ब्रह्म तक 'दौरी' वा दौड़कर जा बसने वाले मन को मंदोदरी कहते हैं तथा यम को स्थिर करके सुरति के निश्चल कर देने को मंथ्रा अर्थात् मंथरा का नाम दिया गया है और इस प्रकार केवल शब्द-साम्य के निर्बल आधार पर बिना कोई संगति बैठाये राम-रावण की प्रसिद्ध कथा का वास्तविक तात्पर्य समझाया है।''[1]

निर्गुण सन्तों द्वारा विवृत प्रतीकार्थों पर विचार करने पर यह लक्षित होता है कि उनमें दो परम्पराएँ समाविष्ट हैं। कुछ सन्तों ने तो रामकथा के पात्रों के शील-स्वभाव को ध्यान में रखकर उनके प्रतीकों की कल्पना की है। उसके मूल में कोई साम्प्रदायिक आग्रह नहीं है, किन्तु कुछ सन्तों ने रामकथा को अंतस् में घटित करने के लिए योगपरक प्रतीकों का सहारा लिया है।

उन्नीसवीं शती (संवत् 1878-1949 वि.) में आविर्भूत रामभक्ति-धारा के महत्त्वपूर्ण भक्त बनादास ने भी रामकथा की प्रतीकात्मक व्याख्या की है। उनके अनुसार—

'भै' लंकागढ़ अगम, 'मोह' दसकन्धर वीरा।
कुंभकर्न है 'क्रोध', सहज ही दहै सरीरा।
मेघनाथ है 'काम', सहोदर पुनि 'हंकारा'।
'लोभ' जानु अतिकाय अकम्पन 'मान' विचारा।

---

1. उत्तरी भारत की सन्त परम्परा, पृ. 648, संवत् 2008 वि.

अनी आदि आस्चर्य है सो मात्सर्यहि मानिये।
कह बनादास बहु-वासना 'तृष्णा' कटकहि जानिये।

रामपक्ष के वीरों के प्रतीकात्मक स्वरूप इस प्रकार हैं—

इहां 'ज्ञान' कपिराज, रीछ कहिये 'बिज्ञाना'।
'धीरज' अंगद अचल, 'विरति' अतिसय हनुमाना।।
पनस नील नल द्विविद केसरी सुठि भट भारी।
कुमुद मयन्द सुषेन लहै सपन्यों नहि हारी।।
दधिमुख नौ भक्ती सुवन अति प्रताप बल भूरि है।
कह बनादास संसय नहीं देत मोह दल तूरि है।।

सीता और अयोध्या के प्रतीकात्मक स्वरूप इस प्रकार हैं—

काटि रिपुन को सीस सिया सांतिहि उर लावै।
अविचल वृत्ति विमान तहाँ सादर बैठावै।
मन-मुनि को करि सुखी मर्म महि भार उतारै।
नाना संकट सहै देव आतमहिं उबारै।।
सहज स्वरूप सो अवध है तहाँ पलटि कारज सरै।
नहि बनादास जन्मै मरै अविचल राज सदा करै।।[1]

कहना न होगा कि बनादास ने सत्-असत् के द्वन्द्व को दृष्टि में रखकर ही रामकथा की प्रतीकात्मक व्याख्या की है। राम पक्ष में--ज्ञान (कपिराज), विज्ञान (रीछ), धैर्य (अंगद), विरति (हनुमान), नवधाभक्ति (नीलनल आदि) ये सभी सद्पक्ष के तत्त्व हैं। रावण पक्ष में—भय (लंका), मोह (रावण), क्रोध (कुंभकर्ण), काम (मेघनाद), अहंकार (महोदर), लोभ (अतिकाय), मान (अकम्पन), मात्सर्य (अनी), वासना-तृष्णा (कटक) आदि असत्-पक्ष के विकार हैं। असत्-पक्ष पर जय प्राप्त करके शान्तिरूपी सीता को अविचल वृत्ति रूपी विमान में बैठाकर सहज स्वरूप रूपी अयोध्या में लौटना ही राम (शान्ति के अन्वेषी) रूपी तत्त्वदर्शी साधक का लक्ष्य है। इस प्रकार पूरी रामकथा की एक संगत प्रतीकात्मक व्याख्या देने का प्रयत्न बनादास ने किया है। उनके सामने रामभक्तों द्वारा राम-कथा के गूढ़ार्थ प्रतिपादन की परम्परा अवश्य थी, किन्तु उन्होंने मुख्यतः अपनी विशेष साधना-दृष्टि (उभय-प्रबोधात्मक) के अनुसार ही यह व्याख्या प्रस्तुत की है।

आधुनिक कवियों में तुलसीदास को बहुत गहराई से पढ़ने वालों में 'निराला' अग्रणी हैं। 'रामचरितमानस' के मर्म को स्पष्ट करते हुए वे लिखते हैं—रामायण की

1. उभय प्रबोधक रामायण, भूमिका

भूमिका लिखते हुए गुसाईं जी भी निर्गुण ब्रह्म-अद्वैत भूमि से ही द्वैत-भूमि पर उतरते हैं। रामायण की भूमिका रामचरितमानस-सरोवर से शुरू होती है। इस सरोवर में उतरने के चार घाट हैं—'घाट मनोहर चारि', ये चारों घाट गुसाईं जी के कल्पित घाट नहीं हैं, और न कविता की पद-पूर्ति के लिए ही गुसाईं जी ने 'चारि' शब्द बैठा लिया है। ये चारों घाट वेद-निर्दिष्ट ईश्वर-प्राप्ति के चारों मार्ग हैं—ज्ञान, भक्ति, कर्म और योग। इन्हीं चारों में से किसी एक के सहारे मनुष्य सरोवर में उतर सकता है व ईश्वर-दर्शन कर सकता है। गोस्वामी जी की उदारता तो देखिये। वे किसी एक ही मार्ग का पक्ष नहीं पकड़ते। वे तो कहते हैं कि इन चारों में से जिस रास्ते से तुम्हारी इच्छा हो, उसी से चलकर तुम ईश्वर के दर्शन कर सकते हो। आगे आप लिखते हैं—

सप्त प्रबन्ध सुभग सोपाना। ज्ञान-नयन निरखत मन माना।।
रघुपति महिमा अगुण अबाधा। बरनव सोइ वर-वारि अगाधा।।

घाट तो चार गुसाईं जी ने बनाये पर सीढ़ियों का सालंकार वर्णन क्या ऐसे करना कुशल कवि छोड़ देते? नहीं, उन्होंने सप्त प्रबन्ध से ही सीढ़ियों के गहरे अर्थ की ओर संकेत किया है। वे सात सीढ़ियाँ क्या हैं? वे हैं, योगियों के सात चक्र—'मूलाधार', 'स्वाधिष्ठान', 'मणिपुर', 'अनाहत', 'विशुद्ध', 'आज्ञा' और 'सहस्रत्रर'। मूलाधर से चलकर अन्यान्य चक्रों को पार करती हुई कुण्डलिनी शक्ति जब सहस्रत्रर में लीन हो जाती है तभी साधक-जन ब्रह्मानन्द का अनुभव करते हैं। इस गुप्त भेद को खोलने के लिए गुसाईं जी ज्ञाननयन का स्वागत करते हैं। सातवें सोपान पर से जिस वारि में सिद्धजन गोते लगाते हैं वह सगुण सलिल नहीं किन्तु वह श्रीरामचन्द्र जी का शुद्ध तथा मुक्त स्वरूप अगुण अथाह व ब्रह्ममय अद्वैतवारि है। पूर्वोक्त चौपाई के पीछे गोस्वामी जी सगुण ईश्वर स्वीकार करते हैं।

राम सीय यश सलिल सुधा सम। उपमा वीचि विलास मनोरम।

जहाँ वीचि पैदा हुई—अद्वैत ब्रह्म-सरोवर पर तरंगें उठीं—आकार बना कि साकार का समर्थ हुआ।[1]

उपर्युक्त समस्त विवेचन को ध्यान में रखकर देखा जाय तो स्पष्ट है कि आरम्भ से ही 'रामकथा' के गूढ़ार्थ को विवृत करने की परम्परा रही है। तुलसीदास इस परम्परा से परिचित थे। वे राम को परमार्थतः परब्रह्म ही मानते थे। लोक-कल्याण के लिए 'नर तनु धारी राम' को भी वे तत्त्व-दृष्टि से निर्गुण निराकार ही मानते थे। ऐसी स्थिति में उनकी लोक-लीला का रहस्यात्मक होना स्वाभाविक है। तुलसीदास जी ने स्वयं अपने द्वारा विरचित कथा को 'कलिमल समनि मनोमल हरनी' तथा

1. निराला रचनावली 6, पृ. 126

'संसृति रोग सजीवन मूरी' कहा है। रामकथा में यह विशेषता उसकी तत्त्वनिरूपिणी शक्ति के कारण ही आयी है। रामकथा के जो श्रोता या पाठक उसे सामान्य लोक-प्रचलित कहानी मानते हैं, वे मोह-ग्रस्त हो जाते हैं किन्तु जो उसे तत्त्व-दृष्टि से देखते हैं, वे पूर्ण मानसिक शान्ति लाभ करते हैं।

आरम्भ में ही तुलसीदास जी ने कहा है–

श्री गुरु पदनखमनि गन जोती। सुमिरत दिव्य दृष्टि हियं होती।
दलन मोह तम सो स प्रकासू। बड़े भाग उर आवइ जासू।।
उघरहिं विमल विलोचन ही के। मिटहिं दोष दुख भव रजनी के।
सुझहिं रामचरित मनि मानिक। गुपुत प्रगट जहँ जो जेहि खानिक।।[1]

निश्चय ही रामचरितरूपी मणि और माणिक्य प्रगट और गुप्त दोनों ही हैं। हृदय के निर्मल नेत्रों के खुलने और संसाररूपी रात्रि के दोष-दुख मिटने पर ही रामचरितरूपी गुप्त मणि को देखा जा सकता है।

1. रामचरितमानस, बालकाण्ड, 1

तुलसी का समाज-दर्शन

तुलसी-साहित्य का जितना महत्त्व आध्यात्मिक दृष्टि से है, उससे कम महत्त्व लौकिक या सामाजिक दृष्टि से नहीं है। तुलसी का भक्ति-मार्ग ठोस सामाजिक दर्शन पर आधृत है। उन्होंने सामाजिक समस्याओं की कहीं भी उपेक्षा नहीं की है। 'रामचरितमानस' का प्रारम्भ ही संसार की दारुण विपत्ति के वर्णन और प्रभु द्वारा उसके निवारण की सम्भावना से हुआ है। तुलसी के सामने एक ऐसा समाज है जिसमें शासक स्वेच्छाचारी है। शासन हिंसा पर आधृत है। अनीति और अत्याचार ही शासक वर्ग के क्रिया-कलाप हैं।[1] सारा संसार आचरणभ्रष्ट हो गया है।[2] धर्म के निर्मूलन के लिए सभी प्रकार के प्रयत्न किये जाते हैं।[3] जप, तप, भक्ति, योग, वैराग्य, यज्ञ आदि धार्मिक कार्य समाप्त हो गये हैं।[4] चोरों, जुआरियों और लम्पटों की वृद्धि हो रही है।[5] धर्म की अत्यधिक ग्लानि देखकर पृथ्वी व्याकुल हो जाती है।[6] समाज का यह रूप उन्हें मान्य नहीं है। समाज का जो आदर्श रूप उनकी मानसिक कल्पना में साकार था, उसका विस्तृत वर्णन उन्होंने राम-राज्य की स्थापना के रूप में किया है। राम-राज्य-वर्णन के प्रसंग में तुलसी का समाज-दर्शन व्यावहारिक रूप से सामने आता है। तुलसी ने परम्परागत भारतीय समाज-व्यवस्था के अन्तर्गत ही अपने युग

1. बरनि न जाई अनीति, घोर निसाचर जे करहिं।
   हिंसा पर अति प्रीति, तिन्हके पापन कवन मिति।
   —मानस, पृ. 185, गीताप्रेस, सं.
2. अस भ्रष्ट अचारा भा संसारा धर्म सुनिअ नहिं काना।
   —मानस, पृ. 185, गीताप्रेस, सं.
3. जेहि विधि होई धर्म निर्मूला। सो सब करहिं बेद प्रतिकूला।
   —मानस, पृ. 185, गीताप्रेस, सं.
4. नहिं हरि भगति जग्य तप ग्याना। सपनेहुँ सुनिअ न बेद पुराना।
   —मानस, पृ. 185, गीताप्रेस, सं.
5. बाढ़े खल बहु चोर जुआरा। जे लंपट परधन परदारा।
   —मानस, पृ. 185, गीताप्रेस, सं.
6. अतिसय देखि धर्म कै ग्लानी। परम सभीत धरा अकुलानी।
   —मानस, पृ. 186, गीताप्रेस, सं.

की समस्याओं का समाधान प्राप्त करने की चेष्टा की है। भारतीय समाज-व्यवस्था की सबसे बड़ी उपलब्धि वर्णाश्रम धर्म है। राम-राज्य की स्थापना के साथ ही तुलसी ने वर्णाश्रम धर्म की पूर्ण प्रतिष्ठा की है।[1] आश्रम-धर्म में (ब्रह्मचर्य, गार्हस्थ्य, वानप्रस्थ, संन्यास) क्रमशः मानव-व्यक्तित्व के उन्नयन का विधान है। तुलसी की दृष्टि में वर्णव्यवस्था सामाजिक मर्यादा एवं लोकहित की दृष्टि से महत्त्वपूर्ण है। यह व्यवस्था अपने वास्तविक रूप में ऐसे समाज में ही प्रतिष्ठित हो सकती थी जिसमें परस्पर भेद-भाव न हो। इसीलिए तुलसी के आदर्श समाज में कोई किसी से बैर नहीं करता। इस समाज में विषमता समाप्त हो गयी है।[2] सब लोग परस्पर प्रेम करते हैं। श्रुति-नीति का अनुसरण करते हुए अपने धर्म का पालन करते हैं। न कोई दरिद्र है न दुखी न दीन। न कोई मूर्ख है न कुलक्षण।[3] कहने की आवश्यकता नहीं कि तुलसी द्वारा चित्रित यह समाज महात्मा गाँधी के 'सर्वोदय समाज' के कितने निकट है। गाँधी के सर्वोदय समाज का आधार भी भौतिक नहीं, आध्यात्मिक है। वे सत्य और अहिंसा के बल पर सर्वोदय का स्वप्न देख सके हैं। सर्वोदय समाज में व्यक्ति सभी प्रकार के शोषण से मुक्त माना गया है। उसकी सभी आर्थिक आवश्यकताओं की पूर्ति की सम्भावना की गयी है।[4] यही नहीं सर्वोदय समाज में सभी के चरम कल्याण को लक्ष्य रूप में स्वीकार किया गया है।[5] तुलसी ने भी सभी के कल्याण का चित्र प्रस्तुत किया है। उनके सर्वोदय का आधार भी आध्यात्मिक है। जिस समता की बात तुलसी ने की है, वह राम के प्रताप से स्थापित होती है। 'राम' मानवता के चरम विकसित आध्यात्मिक गुणों की समष्टि हैं जो पीड़ितों के हित के लिए अवतार लेते हैं। लोक-पीड़कों का मूलोच्छेद करने के लिए कटिबद्ध रहते हैं। जिनका प्रत्येक आचरण नीति-युक्त होता है। जो सदैव धर्म-रथ पर आसीन रहते हैं। जो मर्यादावादी हैं। यह होते हुए भी तुलसी के राम-राज्य को आज की आदर्श समाजवादी व्यवस्था के साथ रखकर नहीं देखा जा सकता। आज का समाजवादी पूँजीपति और

---

1. बरनाश्रम निज निज धरम निरत बेद पथ लोग।

   —मानस, पृ. 89

2. बयरू न कर काहू सन कोई। राम प्रताप विषमता खोई।

   —मानस, उत्तरकाण्ड।

3. सब नर करहिं परस्पर प्रीती। चलहिं स्वधर्म निरत श्रुति नीती।
   नहिं दरिद्र कोउ दुखी न दीना। नहिं कोउ अबुध न लच्छन हीना।

   —मानस, उत्तरकाण्ड।

4. The Sarvodaya Samaj of Gandhiji is based on Truth and non violence in which the individual enjoys freedom from exploitation and fulfilment of economic needs.

   –Social Philosophy of Mahatma Gandhi, p. 312

5. He calls it Sarvodaya Samaj in which 'The greatest good of all' is the end.

   वही, पृ. 84

उसके द्वारा स्थापित पूँजीवादी व्यवस्था के प्रति सदैव शत्रुभाव रखता है।[1] रामराज्य में कोई किसी से बैर नहीं करता किसी का स्वार्थ दूसरे से नहीं टकराता। राम-राज्य में प्रतिष्ठित सामाजिक समता वर्गसंघर्ष का परिणाम नहीं है। वह राम के व्यक्तित्व के प्रभाव-स्वरूप स्थापित हुई है जिसमें चारों वर्णों की स्थिति मान्य है। गाँधी भी वर्ण-व्यवस्था में विश्वास करते हैं और उसे ही सच्चा समाजवाद मानते हैं।[2] किन्तु उनकी वर्ण व्यवस्था का आधार जन्म नहीं, कर्म है। वे वर्ण-परिवर्तन में विश्वास करते हैं। जन्म-जात ब्राह्मण उनकी दृष्टि में तभी ब्राह्मण मान्य हो सकता है जब बड़ा होने पर वह ब्राह्मणत्व (ब्राह्मणोचित गुण) प्राप्त कर ले।[3] तुलसी इस सीमा तक नहीं जा सकते थे। उनके सामने यह प्रश्न ही नहीं था। ब्राह्मण जब विधिवत् अपने धर्म का पालन करेगा तो ब्राह्मणत्व अवश्य प्राप्त करेगा। सभी वर्णों के लोग जब अपने परम्परागत कार्यों में लगे रहेंगे तो परस्पर स्वार्थगत संघर्ष भी न होंगे। कदाचित् ब्राह्मण संस्कृति के उच्च आदर्शों से पूर्ण प्रभावित तुलसी का मन यह मानने को तैयार नहीं था कि शूद्र भी नाना प्रकार के जप-तप और व्रत करें तथा ऊँचे आसन पर बैठकर पुराणों का उपदेश दें।[4] वे प्रत्येक व्यक्ति को अपनी मर्यादा का पालन करते हुए देखना चाहते हैं। उनके द्वारा चित्रित समाज में प्रत्येक व्यक्ति का सामाजिक मूल्य निर्धारित है। निषाद, केवट, कोल-किरात, शबरी, गीध (जटायु) आदि निम्नवर्गीय तथा वशिष्ठ, राम, जनक आदि उच्च वर्गीय सभी प्रकार के पात्र अपनी सामाजिक स्थिति के प्रति सचेष्ट और सजग हैं। उदाहरण के लिए–

1. निषादराज मुनि वशिष्ठ को अपना परिचय देते हुए दूर से ही प्रणाम करते हैं।[5]

---

1. The Socialists out-look must be one of persistent-hostility to the Capitalists and their economic system; his whole life should be coloured by this out-look.

   –Recent Political Thought, p. 142

2. We have submitted, earlier, that Gandhiji who is so proud of calling himself a Hindu conceives of social relations based on this law of Varna and calls it true socialism.

   –Social Philosophy of Mahatma Gandhi, p. 252

3. Varna is determined by birth but can be retained only by observing its obligations. One born of Brahman parents will be called Brahman, but if his life fails to reveal the attributes of Brahman when he comes of age, he can not be called a Brahman.

   वही, पृ. 253

4. सूद करहिं जप-तप ब्रत नाना। बैठि बरासन कहहिं पुराना।

   –मानस, उत्तरकाण्ड।

5. देखि दूरि तें कहि निज नामू। कीन्ह मुनीसहिं दंड प्रनामू।

   –मानस, अयोध्याकाण्ड।

2. केवट के गूढ़ प्रेम की सार्थकता राम के पद पखारने में ही है।
3. कोल-किरात आदि बनचर अपनी सामाजिक-हीनता से भलीभाँति अवगत हैं।[1]
4. शबरी जानती है कि वह अत्यन्त नीच जाति और मूढ़ बुद्धि वाली है।[2]
5. गीध तो पक्षियों में भी अधम और मांसाहारी है।[3]

इसी प्रकार गुरु वशिष्ठ दशरथ-मृत्यु और राम-वनवास के पश्चात् अपने विज्ञान के प्रकाश से सभी शोक-निवारण करके और स्वयं राज-कार्य संचालन करते हुए अपनी राजनैतिक एवं सामाजिक श्रेष्ठता का प्रमाण देते हैं। राम सदैव बड़ों को आदर और छोटों को स्नेह प्रदान करते हैं। चित्रकूट में जनक के पहुँचने पर समस्या के समाधान का दायित्व उन्हीं पर छोड़ा जाता है। इस प्रकार उनकी सामाजिक श्रेष्ठता स्वीकार की जाती है। भरत जी तो एक साथ ही जनक और गुरु को पिता से श्रेष्ठ स्थान प्रदान करते हैं–

प्रभु प्रिय पूज्य पिता सम आपू। कुलगुरु सम हित माय न बापू।।[4]

तुलसी के समाज-दर्शन का आधार यही सामाजिक मर्यादा है। समाज के अन्तर्गत अनेक स्तर उन्हें मान्य हैं किन्तु उन्होंने इन विविध स्तरों को प्रेम के आधार पर सम-भूमि पर प्रतिष्ठित किया है। प्रेम के क्षेत्र में सभी समान धरातल पर हैं। राजा-प्रजा, स्वामी-सेवक, ऊँच-नीच की सामाजिक सत्ता ही नहीं रहेगी, ऐसी कल्पना मध्य-युग में नहीं की जा सकती थी। तुलसी ने जिस प्रकार वर्ण-व्यवस्था की परम्परागत मान्यता को स्वीकार करके उसी के अन्तर्गत अपने युग की सामाजिक समस्याओं को सुलझाने की चेष्टा की, उसी प्रकार राजतन्त्र की प्राचीन परम्परा को स्वीकार करके एक वृहत् सुशासित साम्राज्य के अन्तर्गत ही राजनीतिक समस्याओं का समाधान देने का प्रयत्न किया।[5] इसके लिए एक ओर तो उन्होंने राजा में आदर्श गुणों की प्रतिष्ठा की, दूसरी ओर प्रजा में राजा के प्रति पूर्णनिष्ठा की भावना जाग्रत

1. तुम्ह सुकृती हम नीच निषादा। पावा दरसनु राम प्रसादा।
—मानस, अयोध्याकाण्ड।
2. केहि विधि अस्तुति करौं तुम्हारी। अधम जाति मैं जड़ मति भारी।
—मानस, अरण्यकाण्ड।
3. गीध अधम खग आमिष भोगी। गति दीन्हीं जो जाचत जोगी।
—मानस, अरण्यकाण्ड।
4. मानस, अयोध्याकाण्ड, पृ. 566, गीताप्रेस सं.
5. भूमि सप्तसागर मेखला। एक भूप रघुपति कोसला।
—मानस, उत्तरकाण्ड, पृ. 892

की। आदर्श राजा साधु, सुजान और सुशील होता है।[1] उसके अनीतिमय आचरण पर प्रजा को बोलने का अधिकार होता है। उसे प्रजा के दुःख का सदैव ध्यान रहता है।[2] वह स्वेच्छाचारी नहीं होता।[3] वह सभी को समान दृष्टि से देखता है।[4] वह अवसर के अनुकूल साम, दाम, दण्ड, भेद सभी नीतियों का प्रयोग करता है।[5] वह लोक-पीड़कों के नाश के लिए सदैव सन्नद्ध रहता है।[6] वह अपनी सफलताओं का श्रेय अपने सहयोगियों को देता है।[7] गुरुजनों का सम्मान करता है।[8] अपनी जन्मभूमि के प्रति अगाध श्रद्धा रखता है।[9] ऐसे राजा में ईश्वर का अंश मान्य होना चाहिए।[10] ऐसे राजा के प्रति प्रजा में पूर्ण भक्ति और निष्ठा का होना स्वाभाविक है। प्रजा-वत्सल राम के राजा होने पर अयोध्यावासी जहाँ-तहाँ उनका गुणगान करते हैं और एक-दूसरे को उनके प्रति भक्ति-भाव रखने की शिक्षा देते हैं।[11] गाँधी के सर्वोदय

---

1. साधु सुजान, सुशील नृपाला।

—मानस, बालकाण्ड, 27/4

2. जासु राजु प्रिय प्रजा दुखारी। सो नृप अवसि नरक अधिकारी।

—अयोध्याकाण्ड, 70/3

3. जो पाँचहिं मत लागइ नीका। करहुँ हरषि हिय रामहिं टीका।

—मानस, अयोध्याकाण्ड, पृ. 330

जौ अनीति कछु भाखौ भाई। तो मोहि बरजहुँ भय बिसराई।

—उत्तरकाण्ड, 42/3

4. मुखिया मुख सो चाहिए, खान पान को एक।

—दोहावली, दोहा 422

5. साम दाम अरु दंड बिभेदा। नृप उर बसहिं नाथ कह बेदा।

—मानस, लंकाकाण्ड, 37/5

6. निसिचरहीन करौ महि, भुज उठाइ पन कीन्ह।

—मानस, अरण्यकाण्ड, दोहा 9

7. तुम्हरे बल मैं रावनु मारा।

—मानस, लंकाकाण्ड।

8. अवध सरिस प्रिय मोहि न सोऊ।

—मानस, उत्तरकाण्ड, 3/2

9. अति आदर रघुनायक कीन्हा। पदपखारि पादोदक लीन्हा।

—मानस, उत्तरकाण्ड, पृ. 914

10. ईस अंस भव परम कृपाला।

—मानस, बालकाण्ड, 27/4

11. जहँ तहँ नर रघुपति गुन गावहिं। बैठि परस्पर इहइ सिखावहिं।

—मानस, उत्तरकाण्ड।

भजहुँ प्रनत प्रतिपालक रामहिं। सोभा सील रूप गुन धामहिं।

—मानस, उत्तरकाण्ड।

समाज और तुलसी के आदर्श समाज में दो अन्य अन्तर भी हैं जिन्हें सदैव दृष्टि में रखना चाहिए। सबसे बड़ी बात यह है कि गाँधी आधुनिक बुद्धिवाद के प्रभाव से नहीं बच सके हैं। इसीलिए वे वर्ण-परिवर्तन में विश्वास करते हैं। बुद्धिवाद के प्रभाव के कारण ही वे ब्राह्मण को तब तक ब्राह्मण नहीं मानते, जब तक उसमें ब्राह्मणोचित गुण न हों। तुलसी परम्परागत सामाजिक मर्यादा को अक्षुण्ण रखना चाहते हैं। वे वेदविहीन ब्राह्मण को भी पूज्य घोषित करते हैं और सर्वगुणप्रवीण शूद्र को भी त्याज्य मानते हैं।[1] उनकी इस मान्यता के मूल में मध्य युग का श्रद्धामूलक दृष्टिकोण ही कार्य करता हुआ प्रतीत होता है। दूसरा बड़ा अन्तर यह है कि तुलसी को समाज में संघर्ष की सम्भावना केवल शासक और शासित में ही लक्षित होती है। पूँजीवादी वर्ग से शोषण की चेतना उन्हें नहीं थी। वे शासक को ही शोषक के रूप में भी देखते हैं।[2] गाँधी जी पूँजीवादी वर्ग के शोषण से पूर्णतः अवगत हैं और उसकी उपस्थिति को अहिंसा मार्ग की सबसे बड़ी बाधा मानते हैं।[3] यहाँ भी तुलसी की सीमाएँ हैं मध्य युग सामन्तीय युग था। पूँजीवादी वर्ग का सामाजिक जीवन पर जो प्रभाव आज है, उस समय नहीं था। पूँजीवाद मशीन युग की उपज है। तात्पर्य यह है कि तुलसी का राम-राज्य ठीक वही नहीं है जो गाँधी का 'सर्वोदय समाज' या 'राम-राज्य'। समता यह है कि दोनों परम्परागत भारतीय समाज-व्यवस्था की सीमाओं में ही अपने युग की समस्याओं का समाधान देना चाहते हैं। दोनों ही नैतिक और आध्यात्मिक मूल्यों को महत्त्व देते हैं। दोनों वर्ण-व्यवस्था का समर्थन करते हैं। आदर्श समाज-व्यवस्था की प्रतिष्ठा दोनों ही राम-राज्य के आदर्श पर करना चाहते हैं, किन्तु तुलसी की चेतना मध्य युग की सीमाओं का उल्लंघन नहीं कर सकती थी। साथ ही गाँधी की दिव्य-दृष्टि सुदूर अतीत की आदर्श-भावना को परिकल्पित करती हुई भी वर्तमान युग-जीवन की उपेक्षा नहीं कर सकती थी। इसीलिए वे विभिन्न वर्गों की सामाजिक मर्यादा की समता, उनके द्वारा किये जाने वाले श्रम की समान महत्ता के आधार पर प्रतिष्ठित करते हैं।[4] जबकि तुलसी भक्ति और प्रेम के क्षेत्र में ही सभी वर्गों की

1. सापित ताडित पुरुष कहंता। ब्रिप पूज्य अस गावहिं संता।
   पूजिअ विप्र सील गुणहीना। सूद्र न गुन गन ग्यान प्रवीना।।

   —मानस, अरण्यकाण्ड, पृ. 638

2. द्विज श्रुति बेचक भूप प्रजासन। कोउ नहिं मान निगम अनुसासन।

   —मानस, अरण्यकाण्ड, पृ. 638

3. The greatest obstacle in the path of non-violence is the presence in our midst of the indigenous interests that have sprung up from British rule, the interests monied men, speculators, scripolders, land holders, factory owners and the like.

   –Social Philosophy of Mahatma Gandhi, p. 189

4. A lawyer's work has the name value as a barber's in as much as all have the same right of earning their livelihood from their work.

   वही, पृ. 188

समता की बात करते हैं। सभी लोगों को भगवान की कृपा प्राप्त करने का समान अधिकार है। किन्तु जीवन के अन्य क्षेत्रों में इस समता की बात तुलसीदास जी नहीं करते।[1] विषमता खोने की बात अवश्य करते हैं, किन्तु यह विषमता खोने की बात कदाचित् इसी अर्थ में मान्य है कि स्वार्थगत संघर्षों की सम्भावना न होने से कोई किसी से विद्वेष नहीं करता।

संयुक्त परिवार (कुटुम्ब) की परम्परा भारतीय समाज-व्यवस्था का मूलाधार रही है। वर्ण-व्यवस्था के साथ ही सम्मिलित कुटुम्ब की मर्यादा का पालन भारतीय धर्मशास्त्रों में अनिवार्य माना गया है। तुलसी ने राम के परिवार के रूप में आदर्श कुटुम्ब का चित्र प्रस्तुत किया है। तुलसी का आदर्श कुटुम्ब मुख्यतः चार बातों पर आधृत है।

क. एक पत्नीव्रत और एक पतिव्रत। इस नियम का पालन न केवल राम के परिवार में होता है वरन् राम-राज्य में पुरुष मात्र एक पत्नीव्रती है; स्त्री-मात्र मन-वचन-कर्म से पति-हित में रत है।[2]

ख. पूज्यों और गुरुजनों के प्रति सेवा और सहयोग की भावना। राम के प्रति सभी छोटे भाई पूज्य बुद्धि रखते हुए उनकी सेवा करते हैं।[3]

ग. बड़ों का छोटों के प्रति स्नेह। भगवान राम अपने सभी छोटे भाइयों से स्नेह करते हैं और उन्हें नाना-प्रकार की नीतियों का उपदेश करते हैं।[4]

घ. स्वावलम्बन—यद्यपि राम के महल में सेवा-विधि में कुशल अनेक दास-दासियाँ हैं, किन्तु सीता गृह-परिचर्या का सारा कार्य स्वयं करती हैं।[5]

उपर्युक्त विवेचन के आधार पर यह कहा जा सकता है कि तुलसी के समाज दर्शन का मूल आधार वर्ण-व्यवस्था, आश्रम, धर्म, आदर्श, राजतन्त्र एवं सम्मिलित

1. पुरुष नपुंसक नारि वा जीव चराचर कोइ।
सर्वभाव भज कपट तजि मोहि मरम प्रिय सोइ।।

—मानस, उत्तरकाण्ड, पृ. 948

2. एक नारि ब्रत रत सब झारी। ते मन बच क्रम पति हितकारी।

—उत्तरकाण्ड, पृ. 893

3. सेवहिं सानुकूल सब भाई। राम-चरन रति अति अधिकाई।

—वही, पृ. 894

4. राम करहिं भ्रातन्ह पर प्रीती। नाना भाँति सिखावहिं नीती।

—उत्तरकाण्ड, पृ. 894

5. जद्यपि गृह सेवक-सेवकिनी। विपुल सदा सेवा-बिधि गुनी।
निजकर गृह परिचरचा करई। रामचन्द्र आयसु अनुसरई।।

—उत्तरकाण्ड, पृ. 895

कुटुम्ब-परम्परा है। भारतीय सांस्कृतिक परम्परा भी इन्हीं सामाजिक संस्थाओं को मान्यता देती आयी है। तुलसी ने अपने युग में इन सभी संस्थाओं को छिन्न-भिन्न होते देखा था, उन्हें हार्दिक ग्लानि हुई थी और उन्होंने इनके आदर्श लोक-सम्मत रूप की प्रतिष्ठा राम-राज्य के चित्रण के माध्यम से की थी।

तुलसी का नारी-विषयक दृष्टिकोण

'मानस' में अनेक अवसरों पर तुलसी ने नारी-निन्दा की है। महाराज दशरथ नारी का विश्वास करके पश्चात्ताप करते हैं।[1] अयोध्यावासी नारी-स्वभाव को अग्राह्य और अज्ञेय मानते हैं।[2] भरत् जैसा पवित्र व्यक्ति नारी को 'सकल कपट अघ अवगुन खानी', कहता है।[3] रावण स्त्रियों में आठ अवगुणों—साहस, अनृत, चंचलता, माया, भय, अविवेक, अशौच, अदाया—की स्थिति शाश्वत मानता है।[4] सती अनसूया नारी को 'सहज अपावनि', मानती हैं।[5] शबरी नारी को 'अधमों में अधम' मानती है।[6] समुद्र नारी को ढोल, गँवार और शूद्रों की कोटि में रखता है।[7] भगवान राम स्वयं नारी को साक्षात माया-मूर्ति मानते हैं और उसे सभी अवगुणों की मूल तथा दुःखों की खानि कहते हैं।[8] गौतम-पत्नी अहल्या 'मैं नारि अपावन' कहकर अपना परिचय देती है।[9] यह कहना कि ये कथन तुलसीदास के न होकर परिस्थिति विशेष में पड़े हुए व्यक्तियों के समझने चाहिए।[10] अधिक युक्तिसंगत नहीं प्रतीत होता है। जब विविध पात्रों के कथनों के आधार पर तुलसी के राजनीतिक विचारों का अध्ययन किया जा सकता है, तो कोई कारण नहीं है कि इन पात्रों द्वारा व्यक्त नारी-विषयक विचारों के दायित्व से तुलसी को अलग कर दिया जाय। तुलसी विशिष्ट नारी पात्रों—कौशल्या, सुमित्रा, सीता, तारा, मन्दोदरी—की श्रेष्ठता स्वीकार करते हैं, किन्तु सामान्य नारी जाति के प्रति उनके विचार ठीक वही हैं जो मध्य युग के अन्य सन्तों और महात्माओं के। वस्तुतः पूर्व वैदिक काल और उत्तर वैदिक काल में समाज में

1. कवने अवसर का भएउँ नारि विस्वास।

   —मानस, अयोध्याकाण्ड।

2. सत्य कहहिं कबि नारि सुभाउ। सब बिधि अगमु अगाध दुराऊ।

   —मानस, अयोध्याकाण्ड।

3. मानस, अयोध्याकाण्ड, पृ. 462
4. मानस, लंकाकाण्ड, पृ. 753
5. मानस, अरण्यकाण्ड, दो. नं. 5 (क), पृ. 602
6. मानस, अरण्यकाण्ड, पृ. 639
7. मानस, सुन्दरकाण्ड, पृ. 736
8. मानस, अरण्यकाण्ड, दो. 43-44, पृ. 643, 649
9. मानस, बालकाण्ड, पृ. 208
10. हिन्दी साहित्य का आलोचनात्मक इतिहास, पृ. 448

स्त्रियों का गौरवपूर्ण स्थान था। ऋग्वेद में नारी अर्थवाचक 'मेना' शब्द का प्रयोग हुआ है। यास्क के अनुसार पुरुष इसका आदर करते हैं, अतः स्त्रियों को मेना कहते हैं।[1] लौकिक संस्कृत में मान्या शब्द इसी 'मेना' से बना है। सूत्रों, महाकाव्यों और स्मृतियों के युग में स्त्रियों की स्थिति पुरुषों के समकक्ष न रही। मनुस्मृति में नारी-स्वातन्त्र्य का घोर विरोध किया गया है।[2] सम्भवतः इसका कारण शकों और सीथियनों का आक्रमण रहा हो। इसके पश्चात् भाष्यों की रचना के युग में (500 से 1000 ई. तक) क्रमशः स्त्रियों की सामाजिक स्थिति के ह्रासोन्मुख होने के प्रमाण मिलते हैं। यह युग भी विदेशी आक्रामकों का युग रहा है। शकों और हूणों के व्यापक आक्रमण से भारतीय सामाजिक व्यवस्था छिन्न-भिन्न होने लगी थी। राजपूत काल और मुसलमानी शासनकाल में स्त्रियों को शिक्षा, सामाजिक मर्यादा एवं अन्य सभी प्रकार के संस्कारों से वंचित होना पड़ा। प्रकट है कि स्त्रियों की हीनावस्था का आरम्भ बाहरी आक्रमणों के साथ ही होता है। इन आक्रमणों से आत्म-रक्षा की भावना प्रधान हुई और हमारा सामाजिक दृष्टिकोण संकुचित होने लगा। तुलसीदास जी के नेत्रों के सामने जो युग-चित्र उपस्थित था, वह हमारी हीनावस्था का था। निरन्तर घरों की चहारदीवारी में बन्द रहने के कारण स्त्रियों के स्वभाव और दृष्टिकोण में संकीर्णता का आना स्वाभाविक था। पराजय, दासता, दरिद्रता और सामाजिक विशृंखलता के कारण इस युग में आत्म-रति की भावना प्रबल हो गयी थी। मुगलों के प्रभाव से भारतीय सामन्त भी विलासी होने लगे थे। स्त्रियों का मूल्य विलासिता के विविध उपकरणों से अधिक न था। घोर चारित्रिक पतन के युग में तुलसी ने देखा—

नारि बिबस नर सकल गोसाई। नाचहिं नट मर्कट की नाई।[3]

X X X

गुन मन्दिर सुन्दर पति त्यागी। भजहिं नारि पर-पुरुष अभागी।

सौभागिनी बिभूषन हीना। विधवन्ह के सिंगार नबीना।[4]

X X X

बहु दाम सँवारहिं धाम जती। विषया हरि लीन्हि न रहि तिरती।[5]

---

1. मानयन्ति एनाः (पुरुषाः), (निरुक्त 3/21/2)—कल्याण नारी अंक, शब्द व्युत्पत्ति और नारी।
2. पिता रक्षति कौमारे भर्ता रक्षति यौवने।
   रक्षन्ति स्थविरे पुत्रा न स्त्री स्वतन्त्रयमर्हति।
   —मनुस्मृति अं. 9, श्लोक-3
3. मानस, उत्तरकाण्ड, पृ. 959
4. मानस, उत्तरकाण्ड, पृ. 959
5. वही, पृ. 961

इस विषय-वासना की वृद्धि के मूल में उन्होंने 'नारी' को देखा। साधना के क्षेत्र में बौद्ध सिद्धों एवं वैष्णव सहजियों के चारित्रिक पतन के मूल में भी उन्हें नारी की मूर्ति ही दिखायी दी। पुरुष में आसक्ति उत्पन्न करने की नारी जाति की सहज क्षमता स्वयं सिद्ध है। स्त्रियों को दी जाने वाली 'संज्ञाएँ' इस सत्य की सार्थकता स्वयं प्रमाणित कर रही हैं। वह 'वामा' है क्योंकि 'सौन्दर्य' बिखेरती चलती है–(वमति सौन्दर्यम्)। वह 'सुन्दरी' है क्योंकि उसको देखने से–सु–उन्द (गीला करना) + अर –ऽपि – मनुष्य का हृदय गीला हो जाता है। वह 'ललना' है क्योंकि उसमें लल् (इच्छा) प्रबल होती है। वह 'प्रमदा' है क्योंकि वह हलके से हलके भाव से पुरुष को उत्तेजित कर देती है।[1] भक्त साधक तुलसी ने नारी-जाति को साक्षात् माया-मूर्ति के रूप में देखा। निश्चय ही उनका नारी विषयक दृष्टिकोण अधिक स्वस्थ नहीं कहा जा सकता। किन्तु ध्यान रखना होगा कि यह तुलसी का नहीं, मध्य युग का नारी विषयक दृष्टिकोण है। तुलसी, सामान्य नारी की मर्यादा के निर्धारण में अपने युग की सीमाओं से आगे न जा सके, यह निर्विवाद है, किन्तु उन्हें नारी की पराधीनता बहुत गहरे कहीं पीड़ित भी करती थी। ऐसा न होता तो वे यह न कहते–''कत बिधि-सृजी नारि जग माही। पराधीन सुख सपनेहु नाही।'' यह अवश्य है कि इस पीड़ा के बावजूद वे उसकी स्वतन्त्रता का समर्थन नहीं कर सके।

1. 'कल्याण' नारी अंक–देखिए 'शब्द व्युत्पत्ति और नारी', पृ. 129

मूल्यांकन

तुलसी का काव्य भारतीय (हिन्दू) संस्कृति के सच्चे स्वरूप को प्रत्यक्ष करता है। उनका दृष्टिकोण समन्वयवादी है। समन्वयवाद भारतीय संस्कृति की विशेषता है। तुलसी ने विविध दार्शनिक सिद्धान्तों, साधना-पथों, उपासना-पद्धतियों, काव्य-रूपों एवं शैलियों का समन्वय उपस्थित करते हुए भी अपने युग की परिस्थितियों को दृष्टि में रखकर भक्ति-मार्ग की सापेक्षिक श्रेष्ठता प्रतिपादित की है। उनका भक्ति-मार्ग व्यक्तिगत-चारित्रिक उन्नयन के साथ ही सामाजिक कल्याण की क्षमता भी रखता है। वह पूर्ण जीवन-दर्शन है। तुलसी ने अपने सम-सामयिक जन-जीवन को अत्यधिक निकट से देखा है। उच्च संस्कारों से युक्त होने पर भी उनके हृदय में भारतीय लोक-जीवन के सभी स्तरों के प्रति प्रगाढ़ ममता है। वे लोक-विश्वासों एवं लोक-भावनाओं का आदर करते हैं। उनका दृष्टिकोण उदार है। किन्तु उनकी उदारता परम्परागत संस्कारों से युक्त एक मध्य युगीन ब्राह्मण की उदारता है। युग की यथार्थ भूमि पर खड़े होकर उन्होंने आदर्श के अनन्त आकाश को अपनी सहज मानसिक कल्पना में उतार लिया है। महिमा में तुलसी का कोई प्रतिद्वन्द्वी नहीं है। कबीर में धरती की ऋजु-वक्रता है, सूर में सागर की अतल गहराई। किन्तु तुलसी में धरती की गन्ध, सागर के विशाल वक्षस्थल पर मचलने वाली उर्मियों की तरलता और अनन्त आकाश के हीरक-कुसुमों की रजत-आभा का अद्‌भुत संयोग है। वे भक्त, कवि, समाज-द्रष्टा और दार्शनिक सभी कुछ हैं। उन्हें समाज का गम्भीर अनुभव था इसीलिए उनकी काव्योक्तियाँ जीवन की विभिन्न परिस्थितियों की समीक्षा प्रस्तुत करती हुई लोकोक्तियाँ बन गयी हैं। तुलसी की सबसे बड़ी विशेषता है 'मनुष्य की उच्चता पर अखण्ड विश्वास।' इसीलिए ह्रासोन्मुख युग-जीवन के बीच उन्होंने दिव्य मानव-मूर्ति की प्रतिष्ठा की। इसीलिए वे मनुष्य, भगवान और ब्रह्म में एकता स्थापित कर सके। कबीर ने मध्य युग की विकृतियों को निकट से देखा। मानव-जीवन के प्रत्येक क्षेत्र में व्यावहारिक स्तर पर उन्हें अनेक रूढ़ियाँ दिखायी पड़ीं। उन्होंने आँखों

देखी पर विश्वास किया। मनुष्य की दुर्बलताओं के सघन धुन्ध में उन्हें पूर्ण मानव के सामाजिक और व्यक्त रूप के दर्शन न हो सके। उन्हें सारा संसार रूढ़ि-पुंज, बाह्याडम्बरमय, पथ-भ्रष्ट तथा मनुष्योचित गुणों से च्युत प्रतीत हुआ। इसीलिए वे अपने आदर्श समाज की अवधारणा को मूर्त नहीं कर सके। जायसी सारे संसार में केवल आध्यात्मिक प्रेम की सत्यता पर विश्वास कर सके। सांसारिक प्रेम को भी उन्होंने स्वीकार किया। किन्तु केवल इस रूप में कि वह आध्यात्मिक प्रेम की अनुभूति का माध्यम हो सकता है। सूर ने संसार को स्वीकार किया किन्तु केवल प्रेम के संसार की सत्यता ही उन्हें मान्य हो सकी। उनकी दृष्टि में एकनिष्ठ, दिव्य, निःस्वार्थ प्रेम को धारण करने वाला कुण्ठारहित समाज सत्य है। बस इसके आगे नहीं। तुलसी के सामने विकट परिस्थिति थी। मनुष्य की उच्चता पर जनता को विश्वास नहीं रह गया था। देवत्व और मनुष्यत्व के बीच की दूरी बढ़ती जा रही थी। समाज में समता, सहयोग, मर्यादा और प्रेम की प्रतिष्ठा की सम्भावना में जन-मानस का विश्वास नहीं रह गया था। तुलसी ने अपने 'मानस' में तत्कालीन विकृत समाज के यथार्थ रूप को चित्रित ही नहीं किया, उसे आदर्श समाज में परिणत करने का सुगमतम मार्ग भी दिखाया। उन्होंने कबीर के हृदयस्थ 'आतम राम' को स्थूल जगत में दाशरथि राम के रूप में मूर्त किया। भावना के भगवान क्रियात्मक जगत् में मर्यादा पुरुषोत्तम बनकर प्रकट हुए। मनुष्य की सम्भावनाओं पर विश्वास न करने वाला प्राणी युगान्ध की कल्पना करता हुआ ऐसे जीवन-बिन्दुओं की सृष्टि करता है जिनसे कोई रेखा नहीं बन पाती। तुलसी ने कलियुग को, युग की विकृतियों को, सम्भाव्य मानव (राम) के बल पर चुनौती दी। वे कलियुग से, युग की यथार्थता से घबड़ाकर 'गोलोक' में पलायन न कर सके। बैकुण्ठ से अधिक उन्हें अयोध्या प्रिय थी। निर्गुण से अधिक उन्हें सगुण मान्य था। मुक्ति से अधिक उन्हें भक्ति काम्य थी। उन्हें जगदीश राम से कम प्रिय महीश राम न थे। यह सब इसलिए सम्भव हुआ कि उन्हें मनुष्य और उसके विकास की सम्भावना पर विश्वास था। मध्ययुग का अन्य कोई कवि लोक-मंगल को लक्ष्य में रखकर उसकी सिद्धि में ही अपने काव्य की सार्थकता न देख सका। सर्वहित को अपनी भणिति का उद्देश्य न बना सका। समस्त संसार को 'निज प्रभुमय' न देख सका। व्यक्ति-व्यक्ति के बीच की दूरी को मिटाकर समता का आदर्श प्रस्तुत न कर सका। समग्र हिन्दी-साहित्य में तुलसी की काव्य-साधना अद्वितीय है। उन्हें काव्याकाश का सूर्य कहना उनके महत्त्व को कम करना होगा। सूर्य का प्रकाश तो उसके अस्त होने के साथ ही तिरोहित हो जाता है। ऐसा सूर्य कहाँ जो अस्त होने के बाद भी समस्त संसार को प्रकाशित कर सके।

हो सकता है सूर्य तुम्हारे सम कैसे? हे तुलसीदास।
होने पर भी अस्त तुम्हारा छाया जग में अतुल प्रकाश।।

❑❑❑